Princesas de Maquiavel

Organização: Juliana Fratini

Princesas de Maquiavel

Por mais mulheres na política

MATRIX

Direitos em língua portuguesa para o Brasil:
Matrix Editora
www.matrixeditora.com.br

Diretor editorial
Paulo Tadeu

Capa, projeto gráfico e diagramação
Marcelo Correia da Silva

Revisão
Silvana Gouvea

CIP-BRASIL - CATALOGAÇÃO NA PUBLICAÇÃO
SINDICATO NACIONAL DOS EDITORES DE LIVROS, RJ

Princesas de Maquiavel / Organização: Juliana Fratini. - 1. ed. - São Paulo: Matrix, 2021.
208 p.; 23 cm.

ISBN 978-65-5616-151-8

1. Mulheres na política. 2. Mulheres - Condições sociais. 3. Direitos das mulheres - Brasil.
I. Fratini, Juliana.

21-73002 CDD: 320.90082
CDU: 32-055.2(81)

Leandra Felix da Cruz Candido - Bibliotecária - CRB-7/6135

Sumário

Apresentação

Unidas por uma agenda comum

Por Débora Thomé[1]

Até o momento a mulher não contou para nada nas sociedades humanas. Do que isto resulta? Que o padre, o legislador, o filósofo a trataram como uma verdadeira pária. A mulher (é a metade da humanidade) foi colocada fora da Igreja, fora da Lei, fora da sociedade. Para ela nada de representação frente à Lei. Vejam, há seis mil anos desde que o mundo existe, como os sábios dos sábios julgaram a raça mulher.

Flora Tristán

Na primeira metade do século XIX, 300 anos depois de ter sido publicado *O Príncipe*, de Maquiavel, com quem este livro, organizado laboriosamente por Juliana Fratini, dialoga, a intelectual franco-peruana Flora Tristán chamava a atenção para outras características do poder e daqueles que governam. Entre muitos aspectos, ela reconhecia o papel de pária da mulher, e assim descrevia sua presença dentro dos poderes

[1] Doutora em Ciência Política, autora dos livros *Mulheres e poder: histórias, ideias e indicadores* e *50 brasileiras incríveis para conhecer antes de crescer.*

constituídos no âmbito do Estado, da sociedade, da Igreja. Dois séculos depois de Flora Tristán, com inegáveis avanços no papel da mulher na sociedade, a discussão por ela apresentada, assim como as ideias propostas por Maquiavel, permanecem atuais.

A abertura e os muitos e variados artigos que compõem esta obra trazem em texto a voz de mais de uma vintena de mulheres do fazer político. São elas tanto aquelas que promovem a inserção de mulheres na política quanto as que, em um ato de coragem, decidiram enveredar pelo emaranhado e desafiador espaço da política partidária propriamente dita. Desde a ponta da esquerda dos partidos à ponta da direita, senadoras, deputadas federais e estaduais e outras representantes contam suas trajetórias, seus papéis, suas dificuldades e como veem a questão da mulher na política. Além delas, também estão as vozes de mulheres que vêm se dedicando a aumentar o número de candidatas eleitas, ou sua permanência no poder, e das comunicadoras que chamam a atenção para a importância de combater a cultura que oprime a mulher no país. Por fim, o Poder Judiciário, incluindo um de seus ministros, também traz seu quinhão de contribuição em um tema que tem movido as mulheres – e, felizmente, também os homens – em todos os três poderes.

Como lembram vários textos do livro, a posição vexatória na qual o Brasil se encontra internacional e regionalmente em termos de representação política feminina faz-nos perguntar o que nos leva a integrar o "time do fundão" em número de deputadas eleitas, enquanto uma boa parte dos países próximos caminha rumo à paridade. México, Argentina e Chile, por exemplo, já estão bastante avançados na defesa da reserva de vagas de 50% para mulheres. Trata-se de um passo adiante desde que foram implementadas as cotas com reservas em candidaturas, nos anos 1990. A política de cotas foi particularmente proeminente na América Latina, onde, a partir de 2015, todos os países democráticos, exceto a Guatemala, passaram a adotar políticas nacionais de cotas de gênero (GATTO, 2017).

Uma vez que parte da literatura em ciência política ainda pressupõe que a representação é neutra, assim como as instituições eleitorais, proponho, antes de mais nada, defender o porquê de lutarmos pela representação feminina. E adianto: quando as instituições (ou quem as controla), de alguma forma, bloqueiam o acesso de um determinado grupo ao poder, mesmo que não seja por regras escritas, mas por práticas informais, podemos dizer categoricamente que a democracia está sob ameaça. Dahlerup (2017), no livro “Has democracy failed women?”, pergunta se é realmente possível falar de democracia quando o grupo de maior contingente na maioria dos países encontra-se bastante excluído do processo político de tomada de decisão. Completo essa observação chamando atenção para o fato de que as mulheres se encontram sub-representadas não por vontade própria, mas por uma disputa de forças, por empecilhos que vão além das intenções de parte desse grupo. Quando a representação mostra tal falha, podemos entender que há um déficit democrático no processo. Como cidadãs e cidadãos, cabe-nos perguntar o motivo e, mais que isso, tentar transformar as engrenagens que estão limitando a capacidade de mais mulheres alcançarem os postos de poder político. Ou seja, temos de identificar quais são os vieses que se apresentam e são reforçados nessa dinâmica de forças que faz com que as mulheres, apesar de todos os avanços, continuem sendo elementos menos presentes na política institucional, assim como na maneira que se estabelecem as políticas públicas.

Em sua obra paradigmática *O contrato sexual*, Carole Pateman (1988) lembra que a democracia liberal se baseia em um contrato sexual – previamente estabelecido entre homens – que subjuga as mulheres. Por esse contrato, está destinada aos homens a participação das decisões na esfera pública. De forma deliberada, tal como concebido por vários pensadores da política, como Locke e Rousseau, o contrato social excluiu a participação das mulheres, elementos dotados da alteridade que não lhes permitiria, portanto, ter uma visão justa e universal. A vida social está, assim, baseada em um contrato no qual a mulher se subordina ao homem no tocante à divisão sexual do trabalho doméstico e à participação na vida pública. Ao longo da história, na imensa maioria das sociedades classificadas como ocidentais, atividades relacionadas com a cidade – com a pólis, com o exército, com a guerra e, por conseguinte, com a política –, estavam geralmente fora do seu espectro de possibilidades. A história que Maquiavel conta não tem princesas, mas um príncipe.

Por mais que tenhamos claramente que há muito por avançar, o Brasil experimentou, desde os anos 1970, uma mudança radical no papel social desempenhado pelas mulheres: muitas entraram no mercado de trabalho, houve uma redução brutal no número de filhos e algumas começaram um processo que as levaram a ter mais anos de estudo que os homens e serem mais graduadas nas universidades, no mestrado e no doutorado. Nesse mesmo período, no movimento feminista passamos por processos de batalhas contra o feminicídio e violência contra a mulher, pela autonomia, pela ampliação do direito ao aborto legal, pelos direitos das empregadas domésticas (categoria que emprega 6,5 milhões de brasileiras), entre outros. Integramos a Constituinte, conseguimos que fosse criado o Conselho Nacional dos Direitos da Mulher, ganhamos uma secretaria (em 2002, último ano do governo Fernando Henrique Cardoso) e um ministério, em 2003, no governo de Luiz Inácio Lula da Silva. Elegemos, em 2010, nossa primeira presidenta: Dilma Rousseff.

Foi justamente em decorrência de todo esse processo que o movimento de mulheres ganhou seu impulso mais recente no Brasil. Os milhões de mulheres que tomaram as ruas nos últimos seis anos são herdeiras das muitas que vinham trabalhando arduamente nas décadas que as precederam. Entre 2011 e 2020, a agenda virou tão central que mesmo aquelas que, nesta obra, enfatizam sua independência do tema, foram involuntariamente beneficiadas por uma luta que, para sermos democráticos de fato, apregoa a relevância de garantir a presença de mulheres nos parlamentos e no poder Executivo. A sociedade civil também se engajou e entendeu a importância de fazermos essa luta. A onda que levou à visibilidade das mulheres na pólis favoreceu os aumentos que acompanhamos na representação de mulheres nos últimos anos.

O Supremo Tribunal Federal e o Tribunal Superior Eleitoral foram fundamentais para a aprovação dos 30% de recursos obrigatórios destinados às campanhas de mulheres (decisão de 2018); o aperfeiçoamento das cotas nas chapas dos partidos, estabelecidas no Brasil em 1995, foi mais uma mudança institucional para tentar melhorar o quadro de déficit democrático na representação. Esses dois aspectos somados, além de outros estímulos, fizeram que o percentual de mulheres na Câmara Federal subisse 50% na mais recente legislatura (56ª). Pode parecer muito, contudo, partindo de uma base ainda muito baixa de 10% na legislatura prévia, mas apenas alcançamos os 15% de mulheres na Câmara Federal, a metade do que é estabelecido nas cotas: de 51 deputadas federais passamos a 77 deputadas, em um total de 513 congressistas.

As fragilidades na representação persistem mesmo após eleitas. As mulheres estão sub-representadas em comitês considerados mais relevantes e disputados, como o de Constituição e Justiça ou o de Orçamento. E super-representadas em comitês como Educação e Assistência Social (REZENDE, 2015). O maior número de mulheres pode ser encontrado no Comitê de Seguridade Social e Família, seguido por Educação e Direitos Humanos.

No caso dos ministérios, em uma conta considerando desde o governo de José Sarney (1985) até o final do primeiro mandato de Dilma Rousseff (2014), foram nomeadas apenas 36 mulheres entre os 467 nomes que assumiram postos de ministros (D'ARAÚJO; RIBEIRO, 2018), ou seja, mulheres compunham cerca de 8% do total dos gabinetes e praticamente todas foram indicadas nos governos do Partido dos Trabalhadores. No mandato de José Sarney e nos dois de Fernando Henrique Cardoso, a presença feminina foi praticamente nula; o mesmo vale para os dois últimos governos: de Michel Temer e Jair Bolsonaro. O maior percentual feminino desse período foi registrado no primeiro governo de Dilma Rousseff, com um percentual de 17,8% (o total foi de 13 ministras, ainda que de forma não concomitante).

Analisando a filiação partidária no Brasil, vemos que os 33 diferentes partidos políticos têm cerca de 16,7 milhões de membros registrados. A maioria deles tem um percentual semelhante de homens: 55% dos filiados são do sexo masculino. A exceção é encontrada no Partido Novo, que tem quase 90% de homens entre seus filiados. A liderança dos partidos é majoritariamente masculina, e são esses homens que geralmente tomam decisões quanto a candidaturas e apoio financeiro do partido. O percentual repete o padrão latino-americano. As mulheres, na região, são 51,5% das filiadas, mais 20,4% dos comitês executivos e 11,6% das presidências e secretarias gerais (HINOJOSA, 2012). A imensa maioria dos cargos partidários está, no Brasil, ocupada por homens, os quais podem, assim, mais facilmente, tomar as decisões dentro de seus partidos. Somos ainda poucas, pouquíssimas, o que nos limita e fragiliza dentro de nossos próprios partidos, como bancada feminina ou mesmo individualmente. A mulher ainda é vista como um elemento estranho e, por isso, atacado quando se trata dessas arenas masculinas.

Para além desse ponto, há outro aspecto fundamental a ser ressaltado: a homogeneidade entre partidos da direita à esquerda no baixo número de mulheres eleitas. Analisando a 55ª legislatura (anterior à atual), notamos que, entre todos os partidos (com exceção do PCdoB), o percentual de mulheres não ultrapassava os 10%. Em outros países é comum que partidos de esquerda sejam os que mais elegem mulheres, mas isso não ocorria no caso brasileiro.

No contexto atual, em 2021, os dois maiores partidos na Câmara de Deputados, PT e PSL, têm 18% e 17% de sua bancada, respectivamente, compostos por mulheres – ou seja, se considerarmos o total de mulheres sobre o total de deputados e deputadas eleitos, elas apresentam quase o mesmo percentual em ambos os partidos. Entre os outros oito que compõem os dez partidos de maior bancada total (em ordem decrescente de tamanho de bancada), o PP tem 14% de mulheres; PSD, 3%; MDB, 12%; PR, 18%; PSB, 9%; PRB, 10%; DEM, 10%; e PSDB, destoando, tem 31% de mulheres na sua bancada. Em números absolutos, no total, considerando esses dez partidos de maior bancada, existem seis vezes mais deputados eleitos que deputadas. Já o PSOL e o PCdoB, que registram menor bancada, apresentam paridade entre homens e mulheres nesta legislatura (56ª).

Fica nítido que os partidos que deveriam servir como ponto de apoio e intermediários na corrida eleitoral, muitas vezes não cumprem em nada esse papel. A isenção pressuposta precisa ser questionada, afinal, partidos são organizações com viés de gênero, expressado tanto nas questões formais quanto nas interações informais (BJARNEGÅRD; KENNY, 2016). No contexto de baixa representação feminina no Brasil, é sempre importante termos em mente que a ausência de mulheres perpassa os mais diferentes partidos. Isso fortalece a necessidade de projetos como o deste livro, que traz para o debate e reúne mulheres que ocupam cargos para os quais foram eleitas por grupos dos mais diferentes, que têm preferências convergentes, mas também antagônicas. Posto que a ausência da mulher nos espaços de poder no país é uma constante, como os artigos deste livro nos evidenciam, é necessário criar espaços conjuntos de discussão e propostas de solução.

Em intensidade que varia, mulheres brancas e negras, cis e trans, da direita e da esquerda experimentam ataques a suas formas de atuar, os quais impedem que, mesmo ao chegar ao poder, elas possam exercer de forma plena o cargo que lhes foi outorgado pelo voto. Curiosamente, nada disso é novo.

Recém-eleita para assumir a que seria a primeira cadeira a ser ocupada por uma mulher no Congresso brasileiro, a paulista Carlota Pereira de Queiroz escreveu em seu diário, em 1935, algumas considerações sobre uma viagem que fez à cidade de Uruguaiana, no Rio Grande do Sul. Ainda que a deputada, em entrevistas, sempre reafirmasse que era tratada como uma igual pelos homens, em seu diário ela já relatava que o tratamento era desigual, enviesado, que depreendia da sua condição de mulher:

> Quando eu entrei na sala, ouvi o L. falar em D. Carlota e me aproximei. Perguntei o que queriam de mim. Foi um frio geral, ninguém deu explicações, todos pareceram estar com raiva de mim. Nisso, vira-se

> o Ar. e diz: "Então a senhora não quis ir a Uruguayana?" Eu, que já danara daquelas resoluções da comitiva à minha revelia, sempre me deixando à margem, aproveitei para dizer: Eu não soube de nada, o L. me falou em ir a Caxias, ontem o S. me disse que iam a Uruguayana, mas ninguém me convidou. (...) Sempre me sentia à margem da comitiva. Foi esse o maior desaponto da minha viagem. Acabei por me convencer de que o fim da minha vinda para eles foi apenas decorativo, nunca me consideraram membro da comitiva. (*apud* SCHPUN, 1999, p. 341)

A forma como a primeira deputada eleita no Brasil expressa, em seu diário, o incômodo com a comitiva masculina, mencionando textualmente expressões como "resoluções da comitiva à minha revelia", "sempre me deixando à margem" ou "o fim da minha vinda para eles foi apenas decorativo" mostram como a mulher, mesmo eleita, já não era, naquele momento, vista como uma igual na política. Segundo o relato de Carlota, ela era deixada "à margem" e relegada a um papel "decorativo". O fato de Carlota Pereira de Queiroz ser então a única deputada fazia a situação ser ainda mais evidente. Era uma estranha, uma pária. Quase 90 anos após a permissão legal da mulher para votar e ser votada no Brasil, assim como desse relato de Carlota Pereira de Queiroz, o poder Legislativo federal permanece sob o domínio dos deputados homens, que não apenas são maioria em termos absolutos, como também líderes da maioria dos partidos e das comissões no Congresso.

Entendidas até hoje como um elemento que não pertence àquele mundo, as mulheres enfrentam, ao longo de todo o processo, uma série de limitações. E são essas histórias, assim como o que a sociedade civil anda fazendo para transformar a realidade, que este livro tão diverso conta, demonstra e renova. Com o conjunto dos artigos aqui apresentados, a organizadora Juliana Fratini desenha o pano de fundo e a conjuntura na qual vivemos quando se trata de representação descritiva feminina, ou seja, da presença de mulheres nos espaços de poder.

Essas vozes reunidas deixam ainda mais evidente que é preciso mudar. O caminho para a transformação passa por identificar as engrenagens do viés de gênero nas leis, nos partidos, nas regras, para, a partir daí, entender como elas são reforçadas diariamente, prejudicando a eleição de mulheres e sua manutenção no poder. Temos de compreender os processos estruturais que posicionam sujeitos individuais em relações de poder desiguais, uma vez que, para homens e mulheres, as oportunidades e as restrições são assimétricas. "Tais condições de opressão não se devem à natureza, mas às estruturas sociais de nível macro, incluindo as instituições, as regras, as normas" (HTUN, 2003, p. 160, tradução nossa).

Minha tese de doutorado em ciência política, defendida em outubro de 2019, foi dedicada às mulheres da política. Nela, escrevi: "De todas as ideologias, que lutam nas ruas e nos partidos, debaixo de chuva, poeira e trovoada, deixando os filhos sob os cuidados das vizinhas, resistindo às prisões, apoiando as companheiras, sendo estigmatizadas, humilhadas, ignoradas, usurpadas. E que, ainda assim, resistem e avançam".

Que bom notar que somos muitas nessa frente de batalha. Este livro é um excelente começo para que todas as mulheres da política entendam a necessidade e a urgência de manter tudo em que já avançamos: as cotas, as garantias de financiamento, o espaço nos partidos, a participação ativa dos movimentos da sociedade civil – que fortalecem candidatas e eleitas. Já está na hora de desafiarmos os príncipes e deixarmos de ser párias do poder. Sigamos, pois, em frente e juntas nas agendas que nos aproximam. Nunca retroceder. Jamais, em tempo algum.

Nota da organizadora

As autoras deste livro tiveram liberdade para escrever e desenvolver reflexões sobre suas trajetórias e o que pensam a respeito do ingresso de mais mulheres na política institucional. A visão de uma não reflete, necessariamente, a da outra, embora seja possível identificar dificuldades impostas para o gênero em quase todos os artigos. Elas também apontam as saídas para lidar com o problema da discriminação e melhorar a representatividade feminina nos âmbitos dos poderes Legislativo e Executivo.

As coautoras, que atuam em diferentes partidos e instituições, contam com ideologias – ou visões de mundo – diversas. Além delas, foram convidadas outras lideranças feministas, conservadoras, LGBTQI+, negras e indígenas, porém nem todas dispunham de tempo hábil para escrever, sobretudo em um contexto de pandemia.

O objetivo deste livro é valorizar o papel da mulher na política e promover uma ampla reflexão a respeito de como diminuir o machismo, combater a misoginia e promover maior engajamento sem lesar as diferenças. Nessa construção, todas as mulheres importam, especialmente quando a misoginia pode fazer vítima qualquer uma delas. O ministro Luís Roberto Barroso, eleito presidente do Tribunal Superior Eleitoral (TSE) com mandato até fevereiro de 2022, é o único homem participante e também faz uma reflexão sobre como melhorar o ingresso da mulher na política institucional junto com Julia Rocha de Barcelos, assessora da presidência do TSE.

É evidente que esta é apenas uma pequena parte do que podemos fazer para conquistar mais espaço político neste momento da história. Muitas publicações e leis ainda precisam ser criadas. Agradecemos a todos que venham a colaborar com este anseio, que contribuem com o melhor desempenho da democracia e com a qualidade de vida de todas nós, mulheres, mesmo daquelas que não abraçam a política como meio de vida.

Juliana Fratini

Uma leitura de Maquiavel para as lideranças femininas: por que *Princesas de Maquiavel*?

Por Juliana Fratini[2]

Durante os anos 1500, Maquiavel entregou ao governante de Florença, Lorenzo de Médici, um compilado de textos reflexivos sobre a dinâmica política da época, com sugestões a respeito de como o príncipe (o governante) deve agir em benefício próprio para manter a soberania e garantir o poder. Tendo atuado como chanceler, conquistou ampla experiência na condução de desafios de Estado, o que lhe permitiu criar uma espécie de manual baseado em como a política funciona, sem muito se preocupar em como ela *poderia ser*. Os fatos e o que se aprende com acontecimentos pregressos teriam mais importância do que a idealização. O título deste livro, que faz um trocadilho com *O Príncipe*, a obra máxima de Maquiavel (1513), trata, na verdade, de uma reflexão a respeito da condição feminina e os espaços destinados à mulher na política e o que a experiência pode nos ensinar a esse respeito. Maquiavel é importante para tratar a dinâmica do poder; além de apresentá-la, vamos idealizar uma maior participação das

[2] Juliana Fratini é cientista política, especialista em comunicação política e militante da igualdade feminina.

mulheres na política institucional e o que pode ser feito para conquistar esse objetivo.

O autor escreve a um governante sem a devida consideração a respeito das realizações de mulheres que tiveram papel significativo na política renascentista, medieval e anterior. Em todo o livro são apenas três citações, nenhuma muito valorosa, e só a última mais relevante, que pode ser considerada um tanto machista para os dias atuais. A primeira, quando menciona Joana, rainha de Nápoles, que teria ficado desarmada e, para não perder o reino, "foi obrigada a lançar-se aos braços do Rei de Aragão" (MAQUIAVEL, 1513e). A segunda, sobre a Condessa de Forli, que teria se beneficiado das fortalezas para fugir do ímpeto popular, quando da morte de seu esposo, Conde Girolamo; ao abrigar-se, a condessa pôde esperar pelo socorro de Milão e recuperar o Estado, embora tempos depois, quando César Bórgia a atacou, o povo, inimigo dela, aliou-se ao estrangeiro (MAQUIAVEL, 1513m). Nesses dois casos, as mulheres são vistas em posição de fragilidade. Na última citação, Maquiavel (1513o) compara a fortuna a uma mulher, a qual o príncipe deve tratar de um jeito específico:

> Considero seja melhor ser impetuoso do que dotado de cautela, porque a fortuna é mulher e consequentemente se torna necessário, querendo dominá-la, bater-lhe e contrariá-la; e ela mais se deixa vencer por estes do que por aqueles que procedem friamente. A sorte, porém, como mulher, sempre é amiga dos jovens, porque são menos cautelosos, mais afoitos, e com maior audácia a dominam.

O autor inaugura o pensamento político moderno, trazendo ambiguidade ao tipo de interpretação que as pessoas passam a dar ao popularmente conhecido "tipo maquiavélico", que não significa exatamente (ou somente) manipular situações para se obter vantagens, mas também atuar de maneira consciente para tomar decisões assertivas para a preservação de um reinado, além de obter e evitar a perda de poder. É como se a inteligência estratégica fosse mais imprescindível para lidar com o poder do que a moral – embora isso não signifique que o(a) governante não tenha escrúpulos; ou não se envergonhe por não ter:

> [...] é necessário seja o príncipe tão prudente que saiba fugir à infâmia daqueles vícios que o fariam perder o poder...; pois se bem considerado for tudo, sempre se encontrará alguma coisa que,

> parecendo virtude, praticada acarretará ruína, e alguma outra que, com aparência de vício, seguida dará origem à segurança e ao bem-estar (MAQUIAVEL, 1513h).

A questão da fortuna (que significa "sorte" em Maquiavel) é o oposto complementar da *virtù*, que tem a ver com o comportamento assertivo do(a) governante em cada situação, que pode se dar pelo livre-arbítrio, seja em momentos tranquilos, seja em momentos de maiores desafios, quando o(a) governante será testado(a) a resistir e a mostrar as suas capacidades e talentos para driblar dificuldades. MAQUIAVEL (1513o) crê que "seja feliz aquele que acomode o seu modo de proceder com a natureza dos tempos, da mesma forma que penso seja infeliz aquele que, com o seu proceder, entre em choque com o momento que atravessa". Ímpeto e cautela são, portanto, comportamentos que devem ser ponderados dadas as circunstâncias, e insistir em um único modo de proceder, sem a observância adequada do que pede o momento, pode provocar a ruína. Nesse sentido, a depender da maneira a qual o(a) governante se porta, a própria sorte pode ser mudada, tanto para o bem quanto para o mal. Não importa a situação, os(as) governantes têm, ao menos, 50% de chances de mudar o seu destino.

É perceptível que as mulheres ficaram, na maior parte das vezes, em segundo plano na dimensão e reconhecimento da vida pública, apesar de sempre muito capazes de governar em qualquer período histórico. Cleópatra reinou no Egito exercendo domínio em quase toda a costa oriental do Mediterrâneo (SCHIFF, 2006); Tamara, entre os séculos XII e XIII, foi a primeira monarca mulher da Georgia, que expandiu o império a ponto de dominar o Cáucaso (GOODYEAR, 2020); Edviges da Polônia, no século XIV, foi coroada "rei" – dado que o título de rainha, no contexto daquele país, só valia para a esposa do rei –, além de ter exercido grande influência no desenvolvimento do cristianismo e da universidade da Cracóvia (WALLENFELDT, 2021) e canonizada pelo Papa João Paulo II em 1997; Joana de Nápoles (mencionada por Maquiavel em posição de fragilidade) foi acusada de libertina e conspirar para a morte do marido, apesar de inúmeras benfeitorias (GOLDSTONE, 2018).

Embora Maquiavel goste de fatos, *o fato* é que ele não lembrou de nenhuma *princesa* em sua obra. Cleópatra, Tamara, Edviges e Joana são apenas quatro, mas significativos exemplos de monarcas responsáveis por (re)definir o destino de muitos súditos e territórios a partir da maneira como exerceram o poder. Há muitos outros exemplos de monarcas femininas de diferentes nacionalidades, antes e depois de Maquiavel, mas elas são pouco consideradas. No Brasil, tivemos a nossa própria princesa, Isabel, regente no final do século XIX, responsável pela abolição da escravatura (BARMAN, 2005). Precisaríamos de mais de um livro para dar-lhes o devido reconhecimento.

"Nem todos os sujeitos são bons", segundo Maquiavel (1513k), o que justificaria a quebra da palavra do(a) governante. Ou seja, uma promessa pode ser quebrada quando o que está em risco é o próprio poder ou o reino. Nessa lógica, uma vez que nem todas as pessoas são boas, o(a) governante tampouco deve ser leal e bom(boa) o tempo inteiro (MAQUIAVEL, 1513k). É o que vemos ocorrer na política também na atualidade. Pois é assim, por exemplo, que aliados deixam de sê-lo quando o(a) governante percebe que eles possam sobressair às suas custas – o(a) governante, neste caso, pode quebrar a palavra dada a este aliado ao perceber que pode ser *traído,* ainda que "traído" possa ser o aliado. Mas, ainda que aquele(a) que quebra a palavra possa experimentar a admiração de alguns quando os propósitos se justificarem, para outros o(a) governante pode levar a fama de traidor(a). Na prática, também percebemos a dinâmica da "quebra da palavra" quando mulheres extraordinárias e sagazes (e não necessariamente de má índole) despontam, mas têm sua força institucional drenada em nome da manutenção de um poder político tradicional. Isso ocorre porque passam a ser vistas como "perigosas" para a ordem política estabelecida, que é patriarcal.

Dado que a política é um ambiente de disputas em que existe conspiradores e no qual ocorrem traições, é preciso fazer o jogo com desenvoltura, a ponto de o(a) governante saber disfarçar a qualidade de simulador(a) e dissimulador(a), pois "tão simples são os homens e de tal forma cedem às necessidades presentes, que aquele que engana sempre encontrará quem se deixe enganar" (MAQUIAVEL, 1513k). A afirmação nos remete, entre outras coisas, à necessidade de negociação entre políticos, quando, por exemplo, um(a) presidente precisa negociar com o Congresso formado por uma miríade de deputados de partidos e interesses diversos. Nesse sentido, não é pouca a capacidade de parlamentares barganharem por cargos ou postos melhores, de modo que aquele que quer algo, muitas vezes precisa dissimular para receber o que deseja em troca – e isso tampouco ocorre porque os políticos são maus, mas porque faz parte da natureza de seu trabalho negociar poder, cargos e benefícios; aliás, a negociação é tão fundamental (ainda que seja considerada desonrosa em alguns casos) que quando inviável (quando não se negocia nada), o risco da ingovernabilidade torna-se grande.

Hoje, ao contrário do que muitos possam crer, as mulheres não têm qualquer intenção de banir os homens da política, mas sim ter a oportunidade de ocupar os mesmos espaços, que são delas por direito, e negociar poder com eles. A ironia é que apesar de as princesas reais, como as citadas, terem tido um valor inestimável para a política e a sociedade em diferentes regiões e períodos, o termo "princesa" passou a ser rechaçado nos últimos anos por supostamente remeter ao reacionarismo e à ilusão do que é ser mulher.

Em relação ao reacionarismo, a "princesa" parece ser uma figura anacrônica, sobretudo em países que não possuem tradição monárquica ou onde essa tradição deixou de fazer sentido – embora as diferentes famílias reais contemporâneas permaneçam sob holofotes, influenciando a política e os costumes de algum modo. Sobre "a princesa" como oposição "ao que significa ser mulher de verdade", a questão toda baseia-se em contos sobre personagens femininas (as "mocinhas") que dependem de um "príncipe" para serem salvas e felizes. A questão é que em um país como o Brasil, onde milhares de lares são chefiados por mulheres e com muitas mães solteiras, o estereótipo da *princesa a ser salva* chega a ser mais que uma ilusão, um acinte. Pesquisa do Instituto IDados, com base em números do IBGE, apontou que, em 2020, 47,5% dos domicílios eram chefiados por mulheres[3].

Outro ponto é que muitas vezes os "príncipes" não salvam, eles matam, haja vista o número de feminicídios no Brasil: no primeiro semestre de 2020, aproximadamente 648 mulheres foram assassinadas por motivo de gênero. Em 90% dos casos quem cometeu o assassinato foi o companheiro ou o ex da vítima, muitas vezes em ambiente doméstico, sendo que as mulheres negras estiveram mais vulneráveis ao crime[4]. Já de acordo com o Ministério da Mulher, da Família e dos Direitos Humanos, foram mais de 105 mil registros de denúncias contra a mulher em 2020. Destes, 72% representavam a violência doméstica e familiar caracterizada pela ação ou omissão que causa morte, lesão, sofrimento físico, sexual ou psicológico, bem como danos morais ou patrimoniais da mulher; os outros 28% representavam a violação

---

[3] Disponível em: https://idados.id/mulheres-chefes-de-familia/.

[4] Mais informações sobre esta e outras pesquisas realizadas pelo Fórum Brasileiro de Segurança Pública podem ser encontradas em https://forumseguranca.org.br/publicacoes/.

de direitos civis e políticos, como a condição análoga à escravidão, tráfico de pessoas, cárcere privado, falta de liberdade religiosa e falta de acesso a direitos sociais, como saúde, educação, cultura e segurança[5].

Em sociedades contemporâneas, como quase nada é binário (apenas uma coisa ou outra), é preciso considerar que a ideia de "ser uma princesa" está muito além de qualquer imposição narrativa a respeito do que é ser mulher – de como deve ser e suas reais capacidades. Quando se estabelecem normas para o comportamento feminino, mesmo quando a justificativa é a de ampliar a liberdade, tira-se justamente a liberdade para se fazer escolhas ou a chance de expressar *virtù* (o comportamento assertivo), independentemente de haver ou não boa fortuna (sorte). A historiadora Iara Baleli (2017), pesquisadora no Núcleo de Estudos de Gênero Pagu/Unicamp, menciona:

> Há pelo menos 30 anos, as discussões de gênero têm reiterado a ideia de que o mundo não deve ser compreendido aos pares. Há uma miríade entre aquilo que é nomeado como mulher, homem, negro, branco, nacional, estrangeiro, pobre, rico, velho, jovem e como essas categorias são, inclusive, ressignificadas por meio das intersecções entre elas...

* * *

Desde Maquiavel (1513b), os povos oprimidos ou que passaram por dificuldades mostram disposição para valorizar lideranças que lhes tragam soluções ou lhes garantam a liberdade – como Moisés ao libertar o povo de Israel da escravidão pelos egípcios, ou Ciro ao libertar os persas do Império dos Medas. Nesse sentido, o que podemos supor é que as intenções das lideranças femininas para o cuidado e a liberdade tendem a ser, geralmente, assertivas. Sempre, em algum lugar, haverá alguém ou grupo de pessoas circunstancialmente oprimido, e a política tende a ser um dos melhores meios para pôr fim a essa condição.

Também é possível que uma mulher de sangue real pouco se importe com as convenções da coroa, como Stéphanie de Mônaco, que sempre buscou meios para seguir a sua própria vida de maneira "comum", como

---

[5] Disponível em: https://www.gov.br/mdh/pt-br/assuntos/noticias/2021/marco/canais-registram-mais-de-105-mil-denuncias-de-violencia-contra-mulher-em-2020. Acesso em: 8 mar. 2021.

ir para a faculdade, se tornar cantora pop, se casar e ter filhos com um guarda-costas, se relacionar com outro guarda-costas e ter uma filha, ir morar com os filhos, depois com um treinador de elefantes que era casado, se casar com um acrobata da mesma equipe circense do ex, além de se envolver em diversas atividades filantrópicas para fazer o bem (RAVELI, 2020). Ser princesa também pode ser um sofrimento, como foi para Diana, alçada princesa de Gales depois de se casar com Charles, filho da rainha Elizabeth II, em 1981. É consenso, entre pesquisadores, que Diana não foi feliz na relação com Charles que, supostamente, sempre desejou outra mulher, Camilla Parker Boulles, hoje Duquesa da Cornuália, após casar-se com Charles, viúvo em decorrência da trágica morte de Diana, em 1997. Elizabeth II, ex-sogra de Diana e atual sogra de Camilla, contudo, foi fiel aos protocolos reais desde antes de assumir o trono britânico, aos 25 anos, em 1952. Mas Elizabeth II foi treinada e queria o trono, demonstrando fortuna e *virtù* para a manutenção de seu poder.

Em diferentes momentos, Maquiavel sugere que o príncipe deve observar a sua própria força, e quanto mais autossuficiente for, melhor. A propósito, as forças próprias não são apenas aquelas relacionadas às características pessoais do(a) governante, mas também se constituem de súditos, de cidadãos ou de criaturas tuas; todas as outras são mercenárias ou auxiliares (MAQUIAVEL, 1513f). O mesmo vale para as mulheres que terão de aprender, passo a passo, a desenvolver o seu poder pessoal, dependendo da força alheia minimamente, ainda que, na democracia, muitas decisões requeiram consensos e votos colegiados. E se porventura chegarem ao poder por sorte, é esperado que tenham sabedoria para manter-se na posição. Jamais devem temer as dificuldades, dado que essas são ocasiões nas quais as virtudes sobressaem. Aliás, sair-se bem das dificuldades é uma maneira inteligente de demonstrar poder, contudo é preciso tomar nota do seguinte:

> É coisa muito natural e comum o desejo de conquistar e, sempre, quando os homens podem fazê-lo, serão louvados ou, pelo menos, não serão censurados; mas quando não tem possibilidade e querem fazê-lo de qualquer maneira, aqui está o erro e, consequentemente, a censura. (MAQUIAVEL, 1513a)

Ou seja, na política não há espaço para ambiciosos ou ambiciosas débeis.

É evidente que a natureza das dificuldades varia muito. E, nesse sentido, quando surge a dúvida de como se portar diante de ataques, é preferível que "ao ocupar um Estado, deve o conquistador exercer todas aquelas ofensas que se lhe tornem necessárias, fazendo-as todas a um tempo só para não precisar renová-las a cada dia e poder, assim, dar segurança aos homens e conquistá-los com benefícios" (MAQUIAVEL, 1513c). A essa reflexão segue outra bastante conhecida de Maquiavel (1513c): "as ofensas devem ser feitas todas de uma só vez, a fim de que, pouco degustadas, ofendem menos, ao passo que os benefícios devem ser feitos aos poucos, para que sejam mais bem apreciados". Também, para o autor, não se deve postergar a guerra, contudo é preferível que o príncipe não atue de modo a cultivar sentimentos negativos no povo. As benfeitorias, claro, podem contribuir muito para o apreço e a estabilidade do(a) governante, sem que isso o(a) faça parecer fraco(a).

Há mulheres, porém, que simplesmente desejam viver sonhos românticos, como Catherine, ou simplesmente Kate Middleton, que se tornou Duquesa de Cambridge em 2011, ao se casar com William, primogênito de Diana e Charles, e segundo na linha sucessória. No livro "Battle of brothers: William and Harry – The inside story of a family in tumult" (LACEY, 2020), o historiador Robert Lacey (que é consultor da série The Crown[6]) sugere que Kate agiu de caso pensado ao entrar na mesma faculdade que William, com o objetivo de conhecê-lo. Nesse sentido, com propósitos amorosos, Kate, por *virtù*, teria criado a sua própria fortuna ao se tornar possível futura "princesa". Por sua vez, Meghan Markle, a atriz americana de ascendência negra que se casou com Harry, filho mais novo de Diana e Charles, e que pelo casamento se tornou Duquesa de Sussex, revelou ter sofrido uma série de discriminações e racismo por parte da família real, além da traição por interesses econômicos e por status de membros de sua família consanguínea desde quando se envolveu com Harry (G1, 2021). Em 2021, o casal Meghan e Harry informou que se desvincularia totalmente da coroa britânica, de modo a entregar títulos e benefícios ligados aos postos vinculados à coroa para poder viver em paz (G1, 2021).

Os leitores podem se perguntar: nascer ou tornar-se princesa significa "sorte"? E qual a *virtù* necessária para lidar com um *status* que, talvez, não lhe caia tão bem? Baleli (2017, p. 422), que pesquisou as expectativas de afeto de mulheres contemporâneas, considera que:

---

[6] Premiada série sobre a família real britânica, disponível na Netflix.

Imaginação de classe, de feminilidade, de masculinidade e de feminismos pode ser articulada para pensar como moralidades são acionadas em vários âmbitos. Há uma moral imaginada para aqueles que, supostamente, pertencem a classes sociais distintas das narradoras, que se autoclassificam como de classe média, como se somente alguém "como elas" pudesse partilhar dos mesmos códigos, um poderoso filtro na seleção. Há uma moral nas imaginações sobre o que é ser feminista que produz certo rechaço às identificações como o termo – feminista e feminina aparecem nas narrativas como termos em oposição.

Apesar das histórias muito diferentes e de Kate e Meghan terem tido, supostamente, a chance de realizar, *a priori*, "um sonho romântico" ante um "ideal social e político", a maior parte das mulheres sequer terá chance de se aproximar de um príncipe verdadeiro, quiçá conhecer um "homem encantado", de modo que lhes restam as fantasias. *Virtù*, para a maior parte das mulheres "comuns", pode significar algo mais ordinário, como o exercício de pegar ônibus lotado, trabalhar muitas horas por dia e arcar com a maior parte dos serviços domésticos, às vezes apenas para ter condições mínimas de sobrevivência e/ou garantir a manutenção do "reino de seu próprio lar". Essas mulheres vão assim construindo a própria sorte. A diferença é que ao contrário do que ocorria nas monarquias mais antigas, hoje as democracias oferecem condições para que as cidadãs desfrutem de "fortunas coletivas" por meio de direitos que versam igualdade, amparados por leis criadas pelos representantes do povo. Fortunas coletivas também são criadas por meio de políticas públicas que podem, e muito, contribuir com a melhoria da condição e do bem-estar da vida das mulheres de um modo geral.

* * *

Maquiavel trata com frequência de "tropas", "guerras", "milícias" e "armas". Não que isso tenha deixado de existir em nosso século, porém nos convém aqui tratar esses assuntos em termos figurativos. As *guerras* – que devem ser feitas "com ação e com a mente" – podem ser atualmente interpretadas como disputas por demandas de interesse feminino que ainda encontram resistência em núcleos políticos mais conservadores; *tropas* podem ser compreendidas como grupos de pressão que atuam pela defesa de determinados interesses, lideranças ou partidos; *milícias* podem ser interpretadas como grupos que atuam em ambiente digital (sobretudo redes sociais), geralmente com o propósito de desacreditar políticos que fazem oposição às crenças (ou ideologia) do(s) miliciano(s); e *armas* são entendidas como as leis que coíbem ações espúrias daqueles que desrespeitam a Constituição.

O modo mais adequado de se fazer *a guerra figurativa* não foge muito ao que propõe o autor: deve-se conhecer o território, cada necessidade do povo e suas origens, conhecer os inimigos (a oposição), se informar, ler histórias e observar como agiram grandes lideranças – examinar as causas de suas vitórias e derrotas. "Um príncipe inteligente deve observar essa semelhança de proceder, nunca ficando ocioso nos tempos de paz, mas, sim, com habilidade, procurar formar cabedal para poder utilizá-lo na adversidade, a fim de que, quando mudar a fortuna, se encontre preparado para resistir (MAQUIAVEL, 1513g)."

Em nosso tempo, o feminismo tornou-se um movimento "de guerra", em defesa dos direitos das mulheres. Por isso mesmo, ao longo dos anos foi acusado de ser um movimento do qual participam "mulheres que odeiam homens", "com poucas habilidades afetivas conjugais", "que não usam maquiagem", "não se depilam", entre outras coisas, conforme expõe Scarlett Curtis no livro "Feminists don't wear pink and other lies" (CURTIS, 2018) – livro publicado em parceria com a Girl Up, uma campanha das Nações Unidas, que conta com artigos de "Bridget Jones" (Helen Fielding) e a atriz Emma Watson, para citar alguns nomes conhecidos do grande público. O mesmo sentimento de repulsa pelo termo "feminismo" foi observado pela socióloga Christina Scharff, que, em pesquisa realizada com mulheres britânicas e alemãs, percebeu que a palavra continua associada a um sentimento de ódio aos homens, lesbianismo, ou falta de feminilidade, o que leva muitas mulheres a não se considerar feministas, embora a maior parte esteja de acordo com a necessidade de haver igualdade entre os gêneros e reconheça que a igualdade ainda não foi atingida (SCHARFF, 2012).

Sobre o problema envolvendo a falta de identificação com o feminismo, a ensaísta Camille Paglia (ARRUDA; ORTEGA; VASCONCELOS, 2019) diz que:

> ...Então, para mim, a grande resposta é que o feminismo precisa parar de atacar o homem. Há homens que se comportam mal, eu acho que eles são uma minoria. Eu sou uma feminista da equidade, eu quero

> que o mundo público seja estruturado de uma forma que permita às mulheres avançarem igual aos homens nos campos profissional e político. É sobre isso que o feminismo deveria tratar. O feminismo não deveria tentar mudar as pessoas em suas vidas privadas, foi aí que deu errado. Eu quero que esse limite seja estabelecido para que se torne racional de novo e seja respeitado novamente...

Apesar das controversas, a procura pelo termo "feminismo" cresceu muito nos últimos anos. Um levantamento realizado pelo jornal *O Estado de S.Paulo,* com base nos dados do *Google Trends,* constatou o aumento nas buscas de 30, em 2015, para 100, em 2018, em uma escala de 0 (nenhum interesse) a 100 (recorde de interesse). E, muitas vezes, é importante ressaltar, a busca vinha acompanhada de associações negativas ou míticas a respeito do movimento. Do ponto de vista positivo, a principal associação foi com o nome da pintora mexicana Frida Kahlo (GIANTOMASO, 2018) que, diz a sobrinha-neta da artista, nunca foi feminista "nos termos que conhecemos agora", haja vista que "dependia financeiramente de homens para sobreviver" (SOUZA, 2021). Por estes e outros motivos, seria apropriado lembrar que o feminismo trata, sobretudo, de um movimento com várias facetas, e que essencialmente demanda por direitos iguais entre homens e mulheres – logo, o fim do patriarcado, que é um sistema no qual as mulheres estão em posição de subordinação aos homens, seja na via privada (doméstica/familiar), seja na pública (social/mundo do trabalho/política e afins).

Outro ponto é que foram as diferentes ondas feministas, compostas por linhagens diversas do movimento (dado que não existe apenas um tipo), cada qual a seu tempo, que muito contribuíram para ampliar o ingresso da mulher na vida pública. Trata-se de um movimento que existe desde o século XIX, pelo menos, por demandas pelo direito ao voto (como das sufragistas), além de direitos à educação, ao trabalho e ao divórcio. Nas décadas de 1960 e 1970, o marco foi a liberdade sexual, e onde se enquadra a famosa filósofa Simone de Beauvoir com suas reflexões sobre o direito ao corpo e ao prazer feminino. Foi também nesse período que mais mulheres questionaram as determinações sociais pela imagem ou aparência, além da vontade de queimar sutiã em praça pública. Já no momento seguinte acontece a pluralidade, quando as mulheres negras entram em cena com foco em suas demandas particulares, integrando o antirracismo ao movimento.

* * *

E de que maneira o(a) governante pode conquistar mais credibilidade e apreço, segundo Maquiavel? Ser liberal[7] pode ser positivo, desde que a ostentação não custe mais impostos ao povo nem o faça empobrecer. Portanto, melhor que ser liberal é ser prudente:

> [...] gastar pouco para não precisar roubar seus súditos, para poder defender-se, para não ficar pobre e desprezado, para não ser forçado a tornar-se rapace, não se importando de incorrer na fama de miserável [aquele que se abstém em excesso de usar o que possui], porque esse é um daqueles defeitos que o fazem reinar. (MAQUIAVEL, 1513i)[8]

Não obstante, além de liberal ou miserável, é melhor ser piedoso(a) do que cruel, ainda que essa piedade precise ser utilizada com parcimônia, a fim de evitar rebeliões. "Acima de tudo, um príncipe deve empenhar-se em dar de si, com cada ação, conceito de grande homem e inteligência extraordinária." (MAQUIAVEL, 1513n). Odioso só se tornará apenas se tirar bens ou honra à universalidade dos homens, e desprezível se considerado volúvel, leviano, efeminado, pusilânime, irresoluto (MAQUIAVEL, 1513l). Tampouco deverá ter pressa em solucionar determinadas questões, de modo a proceder de maneira equilibrada, com prudência e humanidade, evitando excesso de confiança e desconfianças.

O comportamento do(a) governante também pode ser comparado ao modo de proceder do leão e da raposa, sendo o primeiro forte, e a segunda, astuta. Mas, caso não seja uma coisa ou outra, é indispensável ao menos parecer que o é, uma vez que as aparências contam mais do que a sensibilidade do povo, aliados ou inimigos. "Algum príncipe dos tempos atuais, que não convém nomear, não prega senão a paz e a fé, mas de uma e outra é ferrenho inimigo; uma e outra, se ele as tivesse praticado, ter-lhe-iam por mais de uma vez tolhido a reputação ou o Estado" (MAQUIAVEL, 1513k).

Após o ingresso na política – sobretudo em postos legislativos –, é de se esperar que as mulheres passem a ser criadoras de leis que reduzam as desigualdades de gênero. Conforme coloca Maquiavel (1513a), é preciso tornar-se presente onde se governa, e uma maneira de fazer-se presente

---

7 O sentido de "liberal" para Maquiavel está relacionado com aquele que gasta seus recursos e nada tem a ver com a conduta liberal contemporânea.

8 Entre colchetes seguem explicações próprias de Maquiavel, escritas em outra parte do mesmo texto.

na contemporaneidade é observar as diferentes demandas femininas, que estão por todos os lados. A capacidade de identificar problemas é de suma importância, dado que "no princípio é fácil a cura e difícil o diagnóstico, mas com o decorrer do tempo, se a enfermidade não foi conhecida nem tratada, torna-se fácil o diagnóstico e difícil a cura. Assim também ocorre nos assuntos do Estado..." (MAQUIAVEL, 1513a).

O autor ainda acredita que o(a) governante precisa estar cercado(a) por sábios que possam orientá-lo(a), como ministros e secretários leais. Contudo, deve-se evitar os aduladores, e em vez de aceitar qualquer conselho que lhe seja oferecido, pedir conselhos quando julgar necessário. Além disso, é necessário escolher um lado em vez de manter-se neutro, sobretudo quando for preciso apoiar alguém. É preferível fazer "a guerra digna", pois "o vencedor não quer amigos suspeitos ou que não o ajudem nas adversidades; quem perde não te recebe por não teres querido correr a sua sorte de armas em punho" (MAQUIAVEL, 1513n). Ao longo de sua trajetória, o príncipe também deverá reconhecer aqueles que o apoiaram. E mais: permitir que agricultores e comerciantes trabalhem em paz, instituir prêmios e realizar festas para entreter o povo (MAQUIAVEL, 1513n). E "porque os homens são levados muito mais pelas coisas presentes do que pelas passadas; e quando nas presentes encontram o bem, ficam satisfeitos e nada mais procuram" – podemos supor que dada a insatisfação da sociedade com a chamada "política tradicional", patriarcal, o presente está de portas abertas para uma política mais feminina, capaz de aplacar os descontentamentos do povo e as injustiças sociais que ainda persistem.

* * *

Por mais estranho que possa parecer, há mulheres contemporâneas que, tendo a sua sobrevivência assegurada, não se importam em corresponder com a expectativa de ser como a "Amélia", de Ataulfo Alves, da década de 1940[9]: esposa dedicada, sem maiores interesses públicos. Um exemplo disso são as #TradeWifes, mulheres que valorizam papéis

---

[9] Ataulfo Alves foi um compositor e cantor brasileiro de samba, com uma discografia ampla. A música "Ai, que saudade da Amélia" é de 1942 e dizia o seguinte: "Você só pensa em luxo e riqueza / Tudo o que você vê você quer / Ai, meu Deus que saudade da Amélia / Aquilo sim é que era mulher".

de gênero tradicionais. Nas redes, elas expõem fotos e dizem coisas como "o lugar de uma mulher é em casa" ou "tentar ser como um homem é um desperdício para uma mulher" (BBC NEWS, 2020a). Esse comportamento emocional-afetivo é evidente, condiz com a representação de uma contracultura conservadora, ancorada em uma estrutura social patriarcal (na qual o homem é o ser dominante), dada a tendência de cada vez mais mulheres buscarem autonomia e empoderamento. Uma das principais representantes do movimento #TradeWifes no Reino Unido é Alena Kate Pettitt, criadora do site "The Darling Academy", que tem como propósito resgatar os valores tradicionais da família, incentivando "as boas maneiras" como um estilo de vida[10]. Alena realmente acredita que "se você quer um casamento feliz, deve colocar seu marido em primeiro lugar". Em entrevista, ela menciona que quando conheceu o marido, disse a si mesma: "Finalmente alguém percebe que posso finalmente ser eu mesma e não esconder o que sou" (BBC NEWS, 2020).

Chamar atenção para esse estilo de vida ultraconservador é importante porque, embora muitas dessas mulheres não tenham interesse em participar da política, escolhem representantes com valores que coadunam com os seus próprios. E à medida que alguns desses representantes acreditam que os espaços públicos devem pertencer somente aos homens, criam-se novas barreiras para que outros tipos de mulheres também possam, por vontade e direito, ocupar espaços de poder.

A propósito do que se discorre aqui acerca do comportamento feminino emocional-afetivo, que influencia a dinâmica social e política, algo aconteceu recentemente no Brasil: o aumento das manifestações a favor das mulheres que sofrem violência praticada por (ex)companheiros e/ou (des)conhecidos. E isso ocorreu por meio da cultura digital. Conforme expuseram as pesquisadoras Regina Facchini e Carolina Ferreira: "A partir de 2011, por meio de articulações transnacionais facilitadas pela internet, emergem ocupações do espaço público coordenadas por redes político-comunicacionais feministas (principalmente a partir de blogues, Facebook e Twitter)" (FACCHINI; FERREIRA, 2016). Quer dizer, o objetivo inicial era, simplesmente, acabar com a violência. "Campanhas criadas a partir de depoimentos em primeira pessoa, como #meuprimeiroassedio e #meuamigosecreto politizam acontecimentos cotidianos e dão corpo a

[10] The Darling Academy: https://www.thedarlingacademy.com. Consulta realizada em 26 de fevereiro de 2021.

noções como 'cultura do estupro'..." Associadas a movimentos feministas, as iniciativas foram também combatidas por grupos reacionários agressivos que também passaram a utilizar os espaços virtuais e públicos para manifestações de ódio contra as mulheres.

Em 2010, o povo brasileiro elegeu a sua primeira presidente, Dilma Rousseff, filiada ao Partido dos Trabalhadores, ideologicamente de esquerda e de caráter progressista. Ela, "princesa de Maquiavel", por fortuna e por *virtù*, ainda foi reeleita em 2014 – um grande feito para a primeira mulher no país a alcançar o topo do poder. A despeito do governo dela ter tido problemas e o fato de ela ter sofrido *impeachment*, Dilma passou por intensa violência de gênero que nada tinha a ver com o seu modo de governar. Em julho de 2015, Nadine Gasman, representante da ONU Mulheres Brasil, assinou uma nota pública de repúdio aos ataques sexistas sofridos pela então chefe de Estado:

> É ultrajante e extremamente agressiva a apologia de violência sexual contra a presidente da República, Dilma Rousseff, retratada em adesivos para automóveis como expressão de misoginia e interpelação dos direitos humanos de mulheres e meninas. Tal episódio se configura como violência política sem precedentes. Nenhuma discordância política ou protesto pode abrir margem e/ou justificar a banalização da violência contra as mulheres – prática patriarcal e sexista que lhes invalida a dignidade humana.

Os ataques sofridos pela ex-presidente renderam uma série de estudos e artigos (LIMA; OLIVEIRA, 2015), inclusive a respeito do papel de parte da imprensa na construção de uma imagem estereotipada da mulher na vida pública, como um agente subalterno (MORITZ; RITA, 2020). Contudo, esse não foi um caso isolado. Muitos ataques contra outras mulheres públicas vieram na sequência, e chegavam de todos os jeitos, sendo a difamação e a propagação por meio de *fake news* um dos principais tipos. Para se ter uma ideia do tamanho do problema, a organização SaferNet identificou que em 2017 e 2018 houve aumento de 1.600% de casos denunciados de violência contra a mulher no ambiente digital[11]. Em 2019, em audiência na Câmara dos Deputados, a presidente do Instituto Palavra Aberta, Patrícia Blanco,

---

[11] O resultado desta e outras pesquisas podem ser encontradas no site da organização: www.safernet.org.br.

chamou atenção para o fato de as mulheres serem as principais vítimas de ameaças, conteúdos violentos e xingamentos publicados na internet (BRASIL, 2019b). Em 2020, por exemplo, a Justiça determinou a exclusão de 91 *links* com conteúdos falsos sobre Manuela D'Ávilla, parlamentar e então candidata à prefeita de Porto Alegre pelo PCdoB (UOL, 2020). O ódio contra as mulheres tornou-se algo tão fora de controle que a deputada federal Joice Hasselmann (PSL/SP), outrora aliada do presidente Jair Bolsonaro, depois de romper com o núcleo bolsonarista, passou a receber ameaças de morte contra ela e os filhos. Não obstante, Joice recebeu uma cabeça de porco que fazia alusão à morte. Em discurso na Câmara, proferido em 2019, ela alegou que embora sempre tenha combatido governos e lideranças de esquerda (Joice se coloca à direita no campo ideológico), jamais havia sofrido tal tipo de violência (SARDINHA, 2019).

Aliás, nem as esposas dos presidentes foram poupadas. Consolidado o *impeachment* de Dilma, com a ascensão do então vice-presidente ao poder, Michel Temer, sua esposa e então primeira-dama, Marcela, tornou-se o alvo, embora jamais tenha construído, por si mesma, uma carreira política – apesar de ter tido a sua imagem utilizada em algumas ações do governo interino. O ingresso na vida pública de Marcela ocorreu em virtude do casamento, há muito consolidado antes da presidência do marido, e mesmo assim com discrição da parte dela. No entanto, em 2016, Marcela foi estereotipada como "Bela, recatada e do lar" em matéria de grande circulação nacional (LINHARES, 2016), o que lhe rendeu milhares de comentários nocivos e zombeteiros nas redes sociais (FOLHA DE S.PAULO/UOL, 2016). No ambiente da "praça pública" digital, os comportamentos femininos de Dilma e Marcela tornaram-se argumentos para uma batalha moral (ou seria "mortal"?) a respeito da "maneira correta de ser mulher", ou sobre "o que se espera de uma mulher". Uma batalha que Dilma e Marcela, provavelmente, jamais travariam por si mesmas, uma com a outra, dadas as biografias incomparáveis. Ademais, somente Dilma era mulher de poder, Marcela não – a ex-primeira-dama ocasionalmente ocupara o espaço público apenas por ser primeira-dama em um curto período de tempo.

Marisa Letícia (*in memoriam*), esposa do ex-presidente Luís Inácio Lula da Silva, também teve de lidar com a ira daqueles que se opunham à política do marido. Ela, que passou pela experiência de acompanhar Lula em greves (antes de ele ser presidente) e encontros com grandes personalidades da cultura e da política mundial (quando ele se tornou presidente), faleceu vítima de um AVC (Acidente Vascular Cerebral) em 2017, em um dos momentos de maior dificuldade para a família – isso em decorrência das investigações da Operação Lava Jato. O jornalista Camilo Vannuchi (2020), que escreveu a biografia *Marisa Letícia Lula da Silva,* diz que conhecidos não descartam a possibilidade de o estresse emocional ter gerado o mal físico. Marisa ainda teve os exames de saúde divulgados em canais digitais com zombaria; a médica suspeita pelo vazamento foi desligada do hospital (EXAME, 2017). No entanto, alguns meses depois, a Justiça determinou que o hospital indenizasse a profissional por não comprovar que ela teria sido a responsável pelo vazamento (STOCHERO, 2018). Ainda que a Justiça tenha acertado com a médica, os danos causados à pessoa e à família de Marisa foram irreparáveis.

Sobre o ódio, também diz Maquiavel: "porque, não podendo o príncipe deixar de ser odiado por alguém, deve primeiro buscar não ser odiado por qualquer classe social; mas, quando não pode conseguir isso, deve empenhar-se em, por todos os meios, evitar o ódio daquelas classes que são mais poderosas" (MAQUIAVEL, 1513l). No caso, pode-se dizer aqui que o preconceito contra a mulher é um traço da cultura brasileira, subdividido em muitas classes poderosas que entendem ter a razão sobre o que é ser mulher e qual mulher deve "pagar o preço" por não corresponder com determinada expectativa. A despeito disso, existe um remédio capaz de evitar o ódio dessas classes: a sororidade, que é a defesa das mulheres pelas próprias mulheres, como em uma irmandade.

É evidente, contudo, que as singularidades farão que algumas lideranças femininas sejam mais apreciadas por determinados grupos do que por outros. Estes "outros" podem, é claro, nutrir um nível de repulsa capaz de provocar os mais violentos ataques e contra-ataques. Nesse sentido, entre ser um(a) governante amado(a) ou temido(a), Maquiavel (1513j) também diz: (note antes, leitor(a), que a mulher retratada a seguir é vista como propriedade de alguém, podendo ser tomada para virar propriedade de outro mais poderoso).

> Deve o príncipe, não obstante, fazer-se temer de forma que, se não conquistar o amor, fuja ao ódio, mesmo porque podem muito bem coexistir o ser temido e o não ser odiado: isso conseguirá sempre que se abstenha de tomar os bens e as mulheres de seus cidadãos e de seus súditos e, em se lhe tornando necessário derramar sangue de alguém, faça-o quando existir conveniente justificativa e causa

> manifesta. Deve, sobretudo, abster-se dos bens alheios, posto que os homens esquecem mais rapidamente a morte do pai do que a perda de patrimônio...

É claro que, embora o recomendável seja evitar o ódio, se as mulheres não forem amadas, que se façam temidas. Evidentemente, nas democracias, sob o Estado de Direito, não devem derramar sangue de seus opositores, porém podem dispor, sem qualquer demora, da proteção de leis e instituições que garantem a sua integridade e que possam levar preso o agressor.

No entanto, Maquiavel menciona em diversas passagens a importância de se fazer coalizões, ter amigos e destruir inimigos de modo que não tenham chances de se recuperar, se for preciso. Mas em nada parece útil que mulheres sejam inimigas uma das outras quando existe uma força misógina (aversão e repulsa às mulheres) nas esferas privada e pública, que é muito mais violenta e superior a qualquer tipo de diferença ideológica ou expressão da feminilidade. É preciso compreender que o verdadeiro inimigo é o ser misógino que não aceita e pretende destruir qualquer representação feminina. Neste sentido, coalizões femininas serão sempre necessárias para combater a misoginia. Todavia, a "novidade" relativa à ocupação do espaço político pela mulher gera resistências. Uma passagem de *O Príncipe* (MAQUIAVEL, 1513b) remete às mudanças em novos principados (considerando aqui "novos principados", os "principados femininos contemporâneos"):

> Deve-se considerar não haver coisa mais difícil para cuidar, nem mais duvidosa a conseguir, nem mais perigosa de manejar, que tornar-se chefe e introduzir novas ordens. Isso porque o introdutor tem por inimigos todos aqueles que obtinham vantagens com velhas instituições e encontra fracos defensores naqueles que das novas ordens se beneficiam. Esta fraqueza nasce, parte por medo dos adversários que ainda têm as leis conformes a seus interesses, parte pela incredulidade dos homens: estes, em verdade, não creem nas inovações, se não as veem resultar de uma firme experiência. Donde decorre que a qualquer momento em que os inimigos tenham oportunidade de atacar, o fazem com calor de sectários, enquanto outros defendem francamente, de forma que ao lado deles se corre sério perigo.

* * *

Não menos importante para a dinâmica social e política são as mulheres muito religiosas. No caso destas, é difícil dizer se escolhem ou são induzidas ou forçadas pela doutrina a desistir de ocupar espaços públicos. De todo modo, isso não vale para todas as religiosas nem para todas as religiões. O problema geralmente ocorre quando os valores religiosos se chocam com as demandas liberais que, no mundo moderno, deveriam estar em esferas diferentes – a religião na privada, e a política na pública. O Estado, como instituição política, de caráter público, deve ser essencialmente neutro e resguardar a "autonomia institucional, de um domínio em relação ao outro, sob o amparo de algumas garantias constitucionais como liberdade de consciência e culto, e independência das autoridades civis e políticas em relação à autoridade eclesiástica" (BURITY, 2001). A tensão provocada pela interferência de valores religiosos na política acaba por não contribuir para o atendimento de algumas pautas de interesse feminino. A própria ministra do Ministério da Mulher, da Família e dos Direitos Humanos desde janeiro de 2019, Damares Alves, que é evangélica e não se afasta da doutrina, lida com essa tensão, uma vez que precisa decidir, todos os dias, políticas que afetam a vida de muitas mulheres. Algumas estão de acordo com ela por questões religiosas, outras não.

E já que abordamos aqui a presença da religião na política, cabe lembrar que Maquiavel, ao tratar sobre os principados eclesiásticos, em nenhum momento sugere que sejam menos sedentos de poder do que qualquer outro tipo. Outrora e hoje em dia, há muito o que se pode discorrer sobre "a política em nome de Deus", ainda que as ações dos governantes possam ser bastante questionáveis quanto às ações que Deus, supostamente, esperaria que tivessem. Ser um príncipe ou uma princesa "de Deus" também pode ser uma maneira de se romancear a bondade que o(a) governante acredita possuir dentro de si. Se é verdade ou não que exista essa bondade, Maquiavel pouco se importa, pois quando o(a) governante não possui um conjunto de qualidades, ao menos precisa parecer possuí-las. Caberá, nas democracias, ao eleitor "separar o joio do trigo", e perceber aquele(a) que é realmente bom ou boa, daquele(a) que só está fingindo.

Fabio Py, teólogo, crítico do "cristofascismo"[12] – que significa, basicamente, a apropriação de uma teologia fundamentalista por um

---

[12] O termo "cristofascismo" foi cunhado pela teóloga Dorothee Sölle, na década de 1970. Dorothee foi uma das expoentes da teologia da libertação.

governo autoritário –, perguntado em entrevista se políticos se utilizam da religião para ampliar sua base eleitoral, ou religiosos se aproximam dos políticos em razão de interesses das suas igrejas, explica que a formação do Brasil, desde o início, deu-se por princípios religiosos, como a operação da Companhia das Índias Ocidentais, além do jesuitismo, do beneditismo e dos carmelitas por parte da Igreja Católica. Ao longo do século XX, as influências da religião na política foram se consolidando por meio de setores evangélicos: "A partir da Nova República (1988), as grandes estruturas evangélicas – os pentecostalismos e os protestantes tradicionais, como os batistas – começaram a se preocupar com as eleições... Então, as relações religiosas e políticas nunca foram separadas, elas estão umbilicalmente ligadas" (FACHIN; SANTOS, 2020).

Religião e política tampouco são assuntos que se podem abordar com toda a atenção requerida neste livro, uma vez que esses temas são complexos e abrangem uma série de vertentes, cada qual com sua visão a respeito do universo simbólico feminino e suas possíveis representações na vida pública. O importante é ater-se ao fato de que o Estado democrático acaba por acomodar, em alguma medida, interesses de grupos religiosos diversos, dada a noção de pluralidade que a democracia pressupõe, embora determinadas temáticas femininas devam, por coerência, contar mais com o crivo científico do que o religioso. E, claro, é preferível que mulheres se unam, também, com o intuito de aplacar as diferenças religiosas para produzir melhores resultados em temas de interesse comum, como garantir e ter qualidade de vida, evitar a violência, desfrutar de serviços de educação, saúde e segurança, ter melhores salários, ocupar mais espaços, entre outros.

Chegando ao fim da explicação do porquê de este livro ter o título *Princesas de Maquiavel: por mais mulheres na política*, que fique claro que apesar das referências feitas aqui sobre a monarquia, em nada se pretende promover o retorno do regime monárquico. O que se faz é somente tomar alguns referenciais de como o poder pode ser exercido, já que Maquiavel vislumbrou o exercício desse poder por meio dos principados. Muito ao contrário, no século XXI é preciso valorizar a democracia, a alternância de poder e o ingresso de um maior número de representantes do povo na vida pública. Se esses representantes forem mulheres, melhor ainda.

Aqui dialogamos especialmente com as mulheres que são ou querem ser "princesas de Maquiavel", ou seja, que veem sentido compreender como opera a política a partir dos ensinamentos deixados pelo autor italiano. Não obstante, contamos com as considerações de diferentes lideranças femininas, de partidos diversos – não todos, devido mais a uma questão de espaço do que preferência; ademais, embora lideranças com todas as "*virtùs*" tenham sido procuradas, algumas não dispunham de tempo para escrever no período de produção desta obra coletiva. Mas para que "todas" tivessem voz, importou menos, neste momento, a quais espectros ideológicos estavam alinhadas, e sim identificar problemas e iniciativas para sanar a sub-representação. Essas lideranças tratam aqui sobre as suas próprias experiências na vida pública, os desafios encontrados pelo gênero, a maneira de melhorar o ingresso da mulher na política institucional, o atendimento de pautas femininas, entre outros temas. Assim como Maquiavel, é certo que elas têm muito a ensinar.

O ingresso da mulher brasileira na política institucional democrática

Em sua obra, Maquiavel inicia suas reflexões a partir das espécies de principados e de como são adquiridos. Claro que não podemos considerar a política brasileira contemporânea sob a mesma ótica. O Brasil, afinal, é uma República Federativa – um Estado constituído por um tipo de governo que se baseia na coisa pública, ou "bem comum", com entes federados –, e possui como regime político a democracia, na qual existem eleições livres e a alternância de poder. Vigora no país a Constituição de 1988, que é um conjunto de leis que regulam as ações e relações entre os sujeitos (humanos e instituições), que nascem ou passam a existir nos espaços nos quais essas leis possuem validade.

Ainda para Maquiavel, os principados podem ser hereditários (quando existe uma linhagem consanguínea para o exercício do poder) ou novos, quando um sujeito toma um espaço e passa a governá-lo. Trazendo de novo para a contemporaneidade, é claro que existem clãs políticos tradicionais, nos quais membros de uma mesma família alternam-se no poder ou o exercem em diferentes escalas (estando um membro ou mais no Legislativo e outro no Executivo, por exemplo). Mas hoje já não é possível dizer que um território ou espaço venha a ser "tomado" por quem quer que seja. A política democrática liberal prima pela participação cidadã na esfera institucional, embora isso nem sempre ocorra na prática devido a empecilhos de nossa própria cultura política, pautada em clãs e estruturas patriarcais. É possível, contudo, assemelhar a disputa democrática ao que Maquiavel (1513d) chama de "principado civil", quando constituído pelo povo ou pela indicação dos grandes, sendo o civil escolhido, geralmente, sujeito de muito prestígio. Cabe aqui uma passagem interessante:

> [...] aquele que chega ao principado com o favor popular, aí se encontra só e ao seu derredor não tem ninguém ou são pouquíssimos que não estejam preparados para obedecer. Além disso, sem injúria aos outros, não se pode honestamente satisfazer os grandes, mas sim pode-se fazer bem ao povo, eis que o objetivo deste é mais honesto daquele dos poderosos, querendo estes oprimir enquanto aquele apenas quer não ser oprimido (MAQUIAVEL, 1513d).

Neste sentido, o que Maquiavel quer dizer é que, nos principados, está mais seguro aquele que é elevado ao poder pelo povo do que aquele que chega ao poder por meio de poderosos, que podem ter interesses que levam à opressão. Também pode ser assim nas democracias, quando um candidato ou uma candidata chega ao poder por meio do voto popular de base, ganhando dessa maneira legitimidade e confiança de seu eleitorado, ante o(a) candidato(a) construído(a), que não possui bases populares estruturadas. MAQUIAVEL (1513d) ainda considera:

> O pior que pode um príncipe esperar do povo hostil é ser por ele abandonado; mas dos poderosos inimigos não só deve temer ser abandonado, como também deve recear que os mesmos se lhe voltem contra, pois que, havendo neles mais visão e maior astúcia, contam sempre com tempo para salvar-se e procuram adquirir prestígio junto àquele que esperam venha a vencer. Ainda, o príncipe tem de viver, necessariamente, sempre com o mesmo povo, ao passo que pode bem viver sem aqueles mesmos poderosos, uma vez que pode fazer e desfazer a cada dia esse seu poderio, dando-lhes ou tirando-lhes reputação, a seu alvedrio.

Já na passagem apresentada, Maquiavel reforça a importância do povo para a estabilidade do príncipe (ou da "princesa" – para trazermos para a realidade que nos interessa). Nas democracias, o povo é ainda mais fundamental para assegurar o poder do político, já que sem apoio popular é muito provável que o político caia no ostracismo – sem apoio do povo, sem votos. E, mais uma vez, Maquiavel chama atenção para ter cuidado com os poderosos, que podem agir de maneira sorrateira quando o seu interesse for apenas o de estar perto do poder, independentemente daquele que o ocupe; isto é, os poderosos, nesse sentido, são fiéis ao poder e não a um governante específico – por isso mesmo podem ser traiçoeiros. Como "poderosos" também podemos compreender as elites políticas, que muitas vezes têm interesses opostos aos anseios populares.

* * *

Hoje, no Brasil, o ingresso da mulher na política institucional geralmente ocorre por meio de procedimentos e ritos democráticos, como a filiação partidária; a demonstração de interesse em concorrer a um cargo e a escolha nas convenções partidárias quando se tratar de cargo Executivo; a conquista de um número de legenda; o lançamento oficial da candidatura; a elaboração de uma campanha; o recebimento de recursos que o partido precisa, obrigatoriamente, disponibilizar para a candidata; entre outros. Como pano de fundo, sempre haverá, em maior ou menor grau, uma necessidade de articular apoios (como diz Maquiavel, "uma astúcia afortunada") para conquistar a indicação partidária da candidatura. Mas há variações a respeito de como essa indicação ocorre.

Atualmente, o Brasil dispõe de 33 partidos políticos[13] atuando de modo a disputar o poder e fazer a indicação de candidatas de maneira muito específica. Ainda assim, nas instituições partidárias, as mulheres encontram dificuldades para obter um espaço desejável, apesar de leis que assegurem cotas para a participação e o recebimento de recursos, como a cota de 30% para candidaturas de mulheres por partido e o fim das coligações, além dos 30% de recursos dos Fundos Partidário e Eleitoral (TRIBUNAL SUPERIOR ELEITORAL, 2019). Ainda assim, a título de exemplo, em 2018 o Ministério Público Eleitoral (BRASIL, 2021a) de São Paulo identificou uma série de inconsistências quanto ao cumprimento

---

[13] De acordo com o site do Tribunal Regional Eleitoral (TSE), os partidos registrados em 2021 são o MDB; PTB; PDT; PT; DEM; PCdoB, PSB; PSDB; PTC; PSC; PMN; Cidadania; PV; Avante; PP; PSTU; PCB; PRTB; DC; PCO; PODE; PSL; Republicanos; PSOL; PL; PSD; Patriota; PROS; Solidariedade; NOVO; Rede; PMB; UP. Disponível em: https://www.tre-sp.jus.br/partidos/partidos-politicos. Acesso em: 10 fev. 2021.

de cotas e destinação de recursos pelo menos desde as eleições de 2018. Não obstante, até a publicação deste livro, entre esses 33 partidos, apenas quatro mulheres ocupam o posto de presidente: Gleisi Hoffmann, do PT; Renata Abreu, do Podemos; Luciana Santos, do PCdoB; e Suêd Haidar, do PMB.

Apesar dos esforços de diferentes núcleos de pensamento político, de instituições partidárias, de comitês e secretarias de mulheres, de instituições para a formação de lideranças e da promoção da diversidade, o resultado da eleição de mulheres foi menor do que o desejado no pleito municipal de 2020. Para as Câmaras Municipais, por exemplo, foram eleitas 9.196 vereadoras (16%) *versus* 48.265 vereadores (84%)(TRIBUNAL SUPERIOR ELEITORAL, 2021a). Nos "principados" democráticos, os vereadores e as vereadoras são responsáveis pela criação de leis de interesse do município, ou da infraestrutura cotidiana, como a fiscalização do poder Executivo Municipal. Este trabalho, portanto, tem sido realizado e ainda será feito principalmente por homens – pelo menos até o próximo pleito municipal, previsto para 2024. A seguir, é possível visualizar o número de vereadoras eleitas nas capitais no pleito de 2020:

Tabela 1. Comparativo entre o número de vereadoras e vereadores eleitos nas capitais durante as eleições 2020 (TRIBUNAL SUPERIOR ELEITORAL, 2021a):

Capital	Vereadoras eleitas	Vereadores eleitos	Total
Aracaju (SE)	4 (16,7%)	20 (83,3%)	24
Belém (PA)	6 (17,1%)	29 (82,9%)	35
Belo Horizonte (MG)	11 (25,5%)	30 (74,4%)	41
Boa Vista (RR)	4 (17,4%)	19 (82,6%)	23
Campo Grande (MS)	2 (6,9%)	27 (93,1%)	29
Cuiabá (MT)	2 (8%)	23 (92%)	25
Curitiba (PR)	8 (21,1%)	30 (78,9%)	38
Florianópolis (SC)	5 (21,7%)	18 (78,9%)	23
Fortaleza (CE)	9 (20,9%)	34 (79,1%)	43
Goiânia (GO)	5 (14,3%)	30 (85,7%)	35
João Pessoa (PB)	1 (3,70%)	26 (96,3%)	27
Maceió (AL)	4 (16%)	21 (84%)	25
Manaus (AM)	4 (9,76%)	37 (90,2%)	41
Natal (RN)	7 (24,1%)	22 (75,9%)	29

Capital	Vereadoras eleitas	Vereadores eleitos	Total
Palmas (TO)	4 (21,1%)	15 (78,9%)	19
Porto Alegre (RS)	11 (30,6%)	25 (69,4%)	36
Porto Velho (RO)	2 (9,52%)	19 (90,5%)	21
Recife (PE)	7 (17,9%)	32 (82,1%)	39
Rio Branco (AC)	2 (11,8%)	15 (88,2%)	19
Rio de Janeiro (RJ)	10 (19,6%)	41 (80,4%)	51
Salvador (BA)	9 (22,2%)	34 (77,8%)	43
São Luís (MA)	5 (16,1%)	26 (83,9%)	31
São Paulo (SP)	13 (23,6%)	42 (76,4%)	55
Teresina (PI)	5 (17,2%)	24 (82,8%)	29
Vitória (ES)	2 (13,3%)	13 (86,7%)	15

Cidades como Campo Grande (MS), Cuiabá (MT), João Pessoa (PB), Manaus (AM) e Porto Velho (RR) tiveram mais de 90% das vagas para o Legislativo ocupadas por homens. Porto Alegre, por sua vez, foi a cidade com percentual menos mau, com 69,4% das vagas ocupadas por homens.

Embora as mulheres representem, aproximadamente, pouco mais de 50% da população, e o eleitorado seja composto por mais de 52% do público feminino, não se pode atribuir apenas uma causa a tais disparidades a respeito da participação na mulher na política institucional; os motivos são diversos e serão demonstrados adiante.

Já para o principal posto do Executivo Municipal, no primeiro turno foram eleitas somente 12% de mulheres – proporção similar a do pleito de 2016. Já nas capitais, uma liderança feminina sagrou-se prefeita entre as 26 (o Distrito Federal não possui Poder Executivo Municipal), Cinthia Ribeiro, do PSDB, em Palmas, no Tocantins. Candidatas nas capitais com personalidade para ocupar o cargo, como Marília Arraes, do PT, no Recife; delegada Danielle, do Cidadania, de Sergipe; Manuela D'Ávila, do PCdoB, em Porto Alegre; Cristiane Lopes, do PP, em Porto Velho; e Socorro Neri, do PSB, em Rio Branco, não conseguiram atingir o número de votos necessários que pudessem lhes garantir a vitória no segundo turno.

Outro ponto é que candidatas como Martha Rocha, do PDT, Benedita da Silva, do PT, do Rio de Janeiro; Patrícia Ferraz, do Podemos, de Macapá; major Denice, do PT, de Salvador; Gessy Fonseca, do PSC, de Teresina; Luizianne Lins, do PT, de Fortaleza; delegada Adriana Accorsi, do PT, de Goiânia; Gisela Simona, do PROS, de Cuiabá; e Edilma Freire, do PV, de João

Pessoa, apesar de terem pontuado relativamente bem, não foram para o segundo turno. Mas estavam próximo de garantir uma vaga, e talvez isso signifique alguma coisa – como a expectativa de, eventualmente, poderem se cacifar para disputas futuras.

Ao todo, 2.496 mulheres concorreram ao cargo de prefeita em um montante de 19.141 candidatos, o correspondente a 13%, e similar às disputas municipais em 2012 e 2016 (CAESAR, 2020). Entre os partidos, o que mais lançou candidaturas femininas foi o PSTU, com a indicação de 41% de nomes em um total de 49, seguido pelo UP, que, de 15 indicações, 27% eram de mulheres. O partido PCB não lançou nenhuma, com seis homens. Entre partidos de esquerda populares, que, muito se envolvem com pautas identitárias e gênero, o PT contou com 1.249 candidaturas, das quais 17% eram de mulheres; o PSOL, 347, sendo 23% de candidaturas femininas. Já a Rede, um partido-movimento que muito tem se esforçado para manter a paridade entre homens e mulheres em postos institucionais, lançou 137 nomes; destes, 13% de mulheres. O PCdoB, por sua vez, indicou 271 nomes, sendo 18% de mulheres. O curioso nesses casos é que esses quatro partidos de (centro) esquerda contam com lideranças femininas bastante representativas no cenário político eleitoral, apesar do baixo número de indicações:

O PT, que elegeu e reelegeu Dilma Rousseff a primeira presidente do Brasil em 2010 e 2014, e a legenda que em 2018 elegeu a única mulher para governo de Estado, Fátima Bezerra, no Rio Grande do Norte. Também notório o fato de que o PT foi o partido que contou com muitas candidaturas femininas bem pontuadas (votos), em diferentes cidades em 2020.

O PSOL, que conta com representantes feministas de envergadura, como Luiza Erundina e Sâmia Bomfim, em São Paulo; Fernanda Melchionna, no Rio Grande do Sul, entre outras participantes de candidaturas compartilhadas; além da vereadora Monica Benício, viúva da ex-vereadora Marielle Franco, também do PSOL, assassinada, possivelmente por motivos políticos. (Quem mandou matar Marielle?)

O PCdoB, por sua vez, que conta com o trunfo de ter uma liderança com a experiência de uma candidatura a vice-presidente do Brasil, Manuela D'Ávilla, que em 2020 foi candidata a prefeita, mas não se elegeu, além de deputadas muito atuantes, como Jandira Feghali, pelo Rio de Janeiro, outrora também candidata a prefeita de sua cidade em 2016.

A Rede, em 2020, na cidade de São Paulo, conseguiu lançar 39% de candidaturas femininas, dado o empenho da presidente regional Duda Alcântara. A instituição tem uma mulher, Marina Silva, como principal expoente, veterana em disputar eleições à Presidência da República – foram três pleitos. Outro feito é que a Rede elegeu em 2018 a primeira indígena à Câmara dos Deputados, Joenia Wapichana, de Roraima.

O baixo número de indicações femininas também foi percebido em outros grandes partidos, como no MDB, no qual apenas 13% eram de mulheres, em um montante de 1.934; o PP, que teve 1.496 candidaturas, contou com 14% de indicações; o DEM, com 1.145 e 12% de indicações; e o PSDB, com 1.295, das quais 12% eram de mulheres.

No caso do MDB, é interessante considerar que o partido criou o "MDB Mulher" em 1969 e, na década de 1980, o núcleo atuou para a criação do Conselho da Condição Feminina no Estado de São Paulo, entendendo-se precursor para a instalação do Conselho Nacional de Defesa dos Direitos da Mulher e da Delegacia da Mulher[14]. Em 2021, a senadora filiada Simone Tebet, do Mato Grosso do Sul, foi a primeira candidata a concorrer à presidência do Senado Federal, mas não contou com o apoio do partido – apesar de ter sido líder em 2018 e ter tentado a candidatura para o mesmo cargo outrora. Ainda assim, recebeu 21 votos de maneira independente. Em seu discurso de apresentação ela disse: "Estou aqui com um misto de tristeza e indignação ao saber e olhar o registro dos 190 anos desta Casa e perceber que eu sou a primeira mulher candidata da história do Senado Federal à presidência desta Casa" (BRASIL, 2021b).

Em 2021, o PP possui 42 deputados eleitos (2019-2022), dos quais apenas cinco são mulheres; entre elas, Iracema Portella, do Piauí, titular da Procuradoria da Mulher e da Secretaria da Mulher, e filha do ex-governador do Piauí Lucídio Portella e da deputada Constituinte Myriam Nogueira Portella Nunes. Iracema tem atuado para ampliar o número de candidaturas femininas dentro do próprio partido (O GLOBO, 2020). A senadora Kátia Abreu também é um nome forte e respeitado do partido, entre outros.

O DEM, por sua vez, que não é um partido que costuma vir à cabeça imediatamente quando se pensa em pautas de defesa da mulher, tem a deputada professora Dorinha, do Tocantins, como uma das principais

---

[14] Informações extraídas do site do partido. Disponível em: https://www.mdb.org.br/nucleo/mdb-mulher/. Acesso em: 6 fev. 2021.

expoentes da luta no Congresso. Ela trabalha como coordenadora na Coordenadoria dos Direitos da Mulher e na Secretaria da Mulher, além de ser titular da Secretaria da Mulher. É considerada uma das parlamentares mais atuantes no Congresso.

Quanto ao PSDB, a conquista de uma ala feminina aconteceu no final da década de 1990, tendo a então deputada federal pelo Rio Grande do Sul, Yeda Crusius, como uma das principais lideranças. Em 2020, conforme já mencionado, foi o partido que conseguiu eleger a única prefeita de capital, Cinthia Ribeiro, em Palmas (TO), além de contar com uma senadora ícone da proteção da pessoa com deficiência, Mara Gabrilli, por São Paulo.

Outros partidos, das mais variadas tradições, espectros ideológicos e programas, também podem ser observados na quantidade de mulheres indicadas para concorrer ao posto máximo do Executivo Municipal. Citemos mais alguns: o Novo, de 30 candidatos, lançou 3% de mulheres; o PSL, de 731 candidatos, lançou 10%; o Podemos, com 575 indicações, também indicou 10%.

A questão do Novo talvez seja a mais complexa, porque, em geral, o partido possui regras internas muito específicas para a seleção de candidaturas, de modo a ser mais seletivo (e, por isso mesmo, mais excludente). Pelos dados supracitados, é um partido com indicações majoritariamente masculinas para prefeito, embora tenha elegido Rejane Gambin, de Joinville (SC), como vice-prefeita em 2020. No Congresso, a deputada Adriana Ventura, de São Paulo, é uma das mais lembradas pela defesa de pautas liberais.

Já o PSL, que cresceu de maneira significativa com a eleição do presidente Jair Bolsonaro em 2018 (em 2021 sem partido), mostrava-se, até o fechamento desta obra, rachado entre os filiados apoiadores e opositores dele; são três as mulheres comumente mais lembradas: as deputadas federais conservadoras Bia Kicis, do Distrito Federal, atual presidente da Comissão de Constituição e Justiça; Carla Zambelli, de São Paulo, titular da Secretaria da Mulher; e Joice Hasselmann, também de São Paulo, titular da Secretaria da Mulher, e a deputada mais votada na cidade em 2018, com mais de 1 milhão de votos. Joice também foi candidata a prefeita em 2020, porém teve 1,84% dos votos. Apesar de estarem no mesmo partido, as deputadas possuem divergências, sendo Joice a única entre elas a não apoiar Bolsonaro.

O Podemos, por seu turno, conta com a presidência da deputada federal por São Paulo Renata Abreu, autora de projetos que tratam da alteração dos procedimentos de cotas para as mulheres durante as eleições. As propostas dela causaram racha na bancada feminina na Câmara. Em entrevista para o Universia/UOL (ARAÚJO; MACÁRIO, 2019), ela explicou:

> Se os partidos não preenchem [as cotas femininas] hoje, eles têm que tirar um homem. Então, virou guerra dos sexos. O que nós estamos propondo é que, se ele não preencher, ele é obrigado a deixar vazio [...] Porque quem conhece partido político sabe que qualquer candidato faz a diferença no quociente partidário.

É claro que a presença feminina na política institucional não se verifica somente nos partidos citados, nem apenas nas lideranças destacadas. Afinal, são 33 partidos, e seria necessário um livro inteiro para a historiografia de cada um deles e suas ações na direção de incorporar mais mulheres na disputa política institucional. Mas vamos a mais alguns casos:

O PDT, que lançou 960 nomes para o cargo máximo do Executivo Municipal, teve 11% de candidaturas femininas. Em 2020, o caso que mais chamou atenção foi a eleição para o Legislativo, dada a vitória da professora Duda Salabert, em Belo Horizonte, com 37.613 votos – o maior número na história da cidade. Fato curioso é que Duda é transexual. Outra liderança interessante é a deputada estadual pelo Rio Grande do Sul Juliana Brizola, neta do lendário líder trabalhista Leonel Brizola. Com carreira própria, Juliana atua com uma série de políticas voltadas a mulheres em seu estado.

O PSB lançou 862 nomes, dos quais 12% eram de mulheres. Duas personagens femininas que integram o partido se diferem muito entre si em suas trajetórias: a economista e deputada federal pela Bahia Lídice da Mata, que também foi a primeira senadora do estado e a única mulher a ser prefeita de Salvador, em 1992 (na época ela estava no PSDB), e a ex (ou sempre?) atleta Leila Barros (a "Leila do vôlei"), que somou uma série de vitórias representando o Brasil em campeonatos pelo mundo, e foi eleita senadora pelo partido em 2018. Em meados de 2021, Leila também passa a ser procuradora especial da mulher no Senado.

Um caso positivo (pela eleição de uma mulher), e ao mesmo tempo dramático, ocorrido em 2020, foi o de Suéllen Rossin, do Patriota, em Bauru, cidade do estado de São Paulo. Jovem, negra e conservadora, ela foi a primeira prefeita eleita na cidade, mas passou por um amplo processo de marginalização e ataques devido à sua cor-etnia e o fato de ser mulher

(BONORA; AZANK, 2020), chegando a ser ameaçada de morte. No total, o partido dela lançou 435 candidaturas ao Executivo Municipal, sendo 8% de mulheres.

O PSD, que lançou 1.627 nomes, teve apenas 13% de candidatas mulheres, apesar de todo o esforço de Alda Marco Antônio, coordenadora do #PSDMulher para emplacar, a cada eleição, mais mulheres na disputa.

Mais uma vez é importante frisar que precisaríamos de um livro inteiro para falar sobre todas as ações partidárias realizadas para a indicação de candidaturas femininas, entretanto os dados apresentados servem para dar uma boa noção do cenário – as dificuldades partidárias serão apresentadas mais adiante, nos artigos das coautoras. De qualquer maneira, caso seja do interesse dos leitores fazer comparativos de partido a partido, o site G1 (CAESAR, 2020), em setembro de 2020, apresentou o seguinte infográfico com base nos dados do TSE:

Tabela 2. Candidaturas a prefeito, por gênero, nos partidos em 2020:

Partido	Mulher (%)	Homem (%)	Total de candidaturas
PSC	0	100	6
Novo	3	97	30
PTC	5	95	160
PMN	6	94	124
DC	8	92	142
Patriota	8	92	435
Podemos	10	90	575
PRTB	10	90	319
PSL	10	90	731
Avante	11	89	429
PDT	11	89	960
DEM	12	88	1.145
PSB	12	88	862
PSC	12	88	525
PSDB	12	88	1.295
PV	12	88	297
MDB	13	87	1.934
PCO	13	87	23

Partido	Mulher (%)	Homem (%)	Total de candidaturas
PSD	13	87	1.627
Rede	13	87	137
Republicanos	13	87	831
Solidariedade	13	87	510
Cidadania	14	86	524
PP	14	86	1.496
PROS	14	86	304
PTB	14	86	755
PL	15	85	971
PT	17	83	1.249
PCdoB	18	82	271
PMB	22	78	63
PSOL	23	77	347
UP	27	73	15
PSTU	41	59	49

* * *

Apesar dos ritos habituais, vale considerar, ainda, a existência de um debate em torno do lançamento de "candidaturas cidadãs" ou "avulsas", para que cidadãos possam se candidatar mesmo que não estejam vinculados a nenhum partido. No Congresso, o debate ocorre por meio da PEC 350/2017 (BRASIL, 2021a). A modalidade existe em outros países, porém as críticas são de que o modelo pode fragilizar as instituições partidárias, dar vantagens a personalidades muito influentes ou ricas e dificultar a governabilidade, visto que muitas decisões parlamentares são tomadas por meio de acordo entre os membros de um mesmo bloco de interesses mais organizado. Supostamente, esse tipo de candidatura tende a favorecer o personalismo político (voltado para um indivíduo mais que para o grupo) – o que já ocorre por meio do modelo de lançamento de candidaturas por filiação partidária. Já os adeptos entendem que esse tipo de candidatura pode fortalecer a atuação democrática, reduzindo supostas barreiras, além de favorecer a renovação dos quadros.

Mais recentemente, mulheres (e alguns homens também) passaram a investir em um novo modelo de candidatura de formato coletivo. Por essa via, diversas pessoas podem compartilhar de um mesmo número de legenda, de modo que uma única candidatura pode ter diversos candidatos, e o poder decisório dividido. Um exemplo disso é a "Mandata", que "segue um modelo de gestão horizontal", conforme explica o grupo criador, Bancada Ativista (2021b). O modelo parece funcionar bem, visto que são mais de 20 mandatos coletivos eleitos no país, mas não significa que seja isento de problemas. Em 2018, oito codeputadas estaduais, ativistas de diferentes causas e partidos, foram eleitas em São Paulo. No dia 4 de fevereiro de 2021, contudo, a Bancada Ativista se pronunciou contra a expulsão "autoritária" da codeputada eleita Raquel Marques (PSOL) por outras codeputadas que dividem o mesmo mandato, o que foi considerado "um golpe", haja vista que "nunca, sob qualquer hipótese, qualquer uma das codeputadas tinha a prerrogativa ou o poder de expulsar" (BANCADA ATIVISTA, 2021a).

O modelo de lançamento de candidaturas do partido Novo também é menos habitual. Inicialmente é necessário que a cidadã pague para se filiar, já que a instituição possui como premissa não utilizar dinheiro público para a sua manutenção ou campanhas políticas[15]. Ou seja, o partido abre mão de seu direito de receber recursos para financiar a si próprio e as suas candidatas e candidatos de maneira autônoma. Depois da filiação, ser candidata requer o pagamento de uma taxa e a participação em um processo seletivo com eliminatórias, entrevistas, testes, entre outros itens. Para participar do processo seletivo para prefeita, por exemplo, a postulante precisa ter experiência mínima de oito anos em posições relevantes de gestão no setor público ou privado, reconhecimento reputacional da comunidade empresarial e competências como liderança, capacidade de comunicação, espírito empreendedor, aptidão para trabalhar em equipe e raciocínio analítico e estratégico. As qualificadas tendem a passar por outras etapas de avaliação, nas quais devem apresentar conhecimento sobre o município, um plano de ação, entre outros requisitos. Os demais postos para disputa, por sua vez, como de vice-prefeita e vereadora, possuem seleções próprias. O modelo de escolha, segundo o partido, é o meritocrático, e o que conta é o desempenho em cada etapa. Outras especificidades estão articuladas à estratégia do partido em lançar (ou não) candidaturas em determinadas cidades (NOVOCAST..., 2020).

Também é possível que uma mulher ingresse na política por meio da indicação para um posto que não requeira votos, como o de secretária

[15] Site do partido Novo. Disponível em: https://novo.org.br/filiacao/.

ou ministra de Estado, por exemplo, do qual ela terá influência e poder decisório sobre determinados temas. Carreiras diplomáticas, que são iniciadas por concursos, e outras carreiras de Estado podem fazer que mulheres ingressem na política como profissionais técnicas, com poder decisório, mesmo que não estejam filiadas. O fato é que mesmo quando não ingressam na política pelas vias partidárias e por meio da disputa pelos votos, em qualquer posição política, as mulheres terão de fazer valer, em alguma medida, a sua competência e vontade, além de disputar poder.

* * *

Para Maquiavel, existe uma facilidade maior para governar quando os costumes locais são preservados pelo governante, ou que o governante consiga promover uma equivalência entre suas crenças e as dos súditos. A homogeneidade de costumes e pensamentos, porém, é inimaginável em uma sociedade complexa como a contemporânea, dotada de uma série de estímulos, atravessada por valores e hábitos globais, na qual operam a cultura e a contracultura liberal, além de diversas crenças religiosas.

Na contemporaneidade, a subdivisão de temáticas femininas entre grupos ideológicos e a dissociação (natural ou injustificável) da exclusividade de grupos feministas em defender as mulheres (grupos meritórios na conquista da maior parte, senão toda, dos direitos adquiridos outrora) fizeram que os esforços coletivos femininos fossem dissipados em alguns contextos. As especificidades, como os interesses e as demandas das mulheres brancas e negras, bem como "feminismos brancos" e "feminismos negros", é um exemplo importante para a pluralidade, mas que não deve colocar os interesses femininos em oposição. O ideal é que as mulheres estejam juntas, independentemente de sua cor. Contudo, sobre a questão da violência, a mulher negra sofreu em maior proporção, e este sofrimento não é tão diferente quando avaliadas as disparidades salariais: em média, uma mulher negra ganha 45% do salário de um homem branco. No comparativo geral, as trabalhadoras brasileiras possuem cerca de 1 ano e 4 meses a mais de estudo do que os homens, mas recebem o equivalente a 81% do que eles recebem[16].

Contudo, a requalificação de gênero, a partir da identificação emocional da pessoa – uma mulher que nasce em um corpo masculino, ou um homem

[16] Site do Instituto Locomotiva. Disponível em: https://www.ilocomotiva.com.br/single-post/2019/09/26/Brasileiras-têm-mais-anos-de-estudo-mas-ganham-81-do-salário-dos-homens

que nasce em um corpo feminino –, trouxe ainda mais complexidade para o debate a respeito do que é ser mulher, quais as demandas a serem atendidas, e de que maneira atendê-la. A resolução nº 270/2018 trata de assegurar um "nome social" (diferente daquele do nascimento, quando a pessoa não se identifica com o sexo de nascimento) foi uma das demandas atendidas por vias judiciais e políticas. Disso advêm outras tantas perguntas sobre quais os direitos que as mulheres, em suas infinitas especificidades, devem ter para estarem asseguradas de alienações e eventuais maus-tratos. Não se trata aqui de criticar essas especificidades, as quais sabemos que existem em decorrência de racismos e outros preconceitos, mas de uma tentativa de preservar o interesse primordial dos grupos que é fazer que a mulher em si, qualquer que seja a sua etnia, sentimento ou classe social, desfrute dos mesmos direitos e oportunidades para se desenvolver de maneira plena.

O debate a respeito da autodeterminação do corpo e o que a mulher pode fazer ou não, em termos legais, a este corpo, é uma questão central. A discussão sobre direitos reprodutivos, ou sobre aborto, é difícil, pois suscita uma série de questionamentos a respeito de quem pode decidir pela vida de uma mulher que não tem condições psíquicas, emocionais ou financeiras para ser mãe, ou simplesmente não quer ser. O fato é que até a própria gravidez indesejada também possui uma série de especificidades, podendo ter origem em um relacionamento ruim, em uma hora inoportuna, ou, pior ainda, um estupro. A questão toda é que o aborto não é um tema individual (embora, geralmente, a decisão seja individual), mas social, dado o número de mulheres que praticam aborto de maneira clandestina no país. Na prática, enquanto mulheres morrem em decorrência do ato, outras são processadas e presas, haja vista que abortar no Brasil é crime quando não se trata de estupro, risco de vida para mãe ou feto anencéfalo. Porém, não foram poucos os casos em que grupos coagiram mulheres obrigadas a abortar por serem vítimas de estupro, sendo o caso de maior repercussão o da criança de 10 anos que, em 2020, realizou o procedimento em um hospital de Pernambuco (EM MEIO A PROTESTOS..., 2020) – ela havia sido estuprada pelo tio. Sendo um tema social, o aborto é político, com mulheres e homens defensores ou contrários ao que pode se tornar um direito da mulher *versus* o direito da criança de nascer, conforme argumentam os contrários à prática.

Ainda sobre a autodeterminação do corpo, outras linhas tratam da estética, comportamento e expectativas afetivas, embora tudo isso, *a priori*, esteja mais na área moral e do gosto do que da política - mas se tornou assunto político em decorrência de convulsões sociais surgidas a partir dessas temáticas. A rigor, politicamente, toda cidadã e cidadão são dotados de direitos civis que incluem a liberdade de expressão, a possibilidade de ir e vir sem serem importunados, ter fé religiosa e se associar com quem quiser. O fato de que as mulheres se rebelaram contra normas estéticas que passaram a julgar impositivas significou tanto um pedido de socorro quanto um grito de liberdade pelo incômodo fato de serem sempre julgadas em sua condição ou escolhas. Entre os julgamentos estão a depreciação da aparência e o questionamento da feminilidade (cor e tipo de pele e cabelo, anatomia do corpo, idade, comprimento e cores de roupa etc.); o questionamento sobre o que ela pode ou é capaz ou não de fazer (de *hobbies* a atuação profissional); a condição amorosa (se está solteira, se vai casar ou não e, se for homossexual, o porquê "da escolha"); além do patrulhamento do desejo ou não de ser mãe e constituir ou não família (como se cada escolha lhe rendesse um carimbo comportamental, moral e ideológico). Nota-se que os diferentes tipos de interesse ou moralidade foram se agrupando em direções opostas, gerando disputas em relação a narrativas a respeito do que é certo e errado em relação ao comportamento humano feminino. É possível dizer que a razoabilidade deu lugar à polarização que vimos emergir na sociedade e na política brasileira nos últimos anos.

Duas considerações precisam ser feitas neste momento: primeira, os partidos vão encampar todos esses tipos de interesse e discussão para indicar as representantes em pleitos eleitorais, haja vista que a política democrática liberal possibilita que as disputas narrativas ocorram sem qualquer constrangimento, o que, de certa maneira, facilita a ampliação da representatividade e a alternância de poder; segunda, os sentimentos sociais são voláteis em alguns contextos, e isso quer dizer que a tradição jamais deixará de ter o seu papel e o seu valor (por isso a existência e a permanência do conservadorismo), porém a modernização da sociedade e a atualização da cultura jamais deixarão de existir (por isso a existência e a continuidade do progressismo). Mas, no contexto de choque de valores agrupados em nuances ideológicas capturadas por partidos políticos com diferentes linhagens, é preciso refletir, em algum momento, sobre as possibilidades de se encontrar um campo neutro e mais livre de convicções morais para que os interesses comuns de mulheres não sejam duramente prejudicados.

Movimentos e direitos políticos das mulheres no Brasil: um resumo dos séculos XIX e XX

Na história do Brasil, a luta pela ampliação dos direitos políticos das mulheres é notória, muito divulgada, mas ainda assim pouco conhecida do grande público. Embora não faltem informações a respeito[17], cabem aqui algumas considerações. Em princípio, a Constituição de 1889 previa o voto das mulheres, porém o direito à participação foi compreendido como desonra. Na Constituição de 1891, o voto não fora excluído, o que dava margem para o entendimento a respeito de a mulher poder ou não participar do processo eleitoral. Ataques misóginos e preconceituosos eram persistentes, e na "melhor das hipóteses", o argumento era de que a mulher "possuía uma superioridade moral incompatível com a política", portanto "deveria ser protegida da sociedade deste mal... Deus e/ou a natureza tinham reservado para ela um outro papel, mais nobre, o de 'rainha do lar'", conforme a visão dos positivistas (GARCIA, 2015).

---

[17] O Tribunal Superior Eleitoral (TSE) desenvolveu um catálogo com diversos textos sobre a luta das mulheres para conquistar o direito ao voto e a representação feminina. Disponível em: https://www.tse.jus.br/hotsites/catalogo-publicacoes/pdf/representacao-feminina-final.pdf

Nos anos seguintes, porém, dada a "brecha constitucional", mulheres iniciaram o alistamento, mas ainda encontrando dificuldades nos partidos tradicionais da época: criou-se o Partido Republicano Feminino (PRF), encabeçado pela professora indianista Leolinda Daltro. O PRF contou com a presidência de Orsina da Fonseca, a primeira esposa de Hermes da Fonseca. Leolinda tinha por método ocupar espaços públicos por meio de protestos para fazer o enfrentamento das desigualdades de gênero. Promovendo marchas e outras atividades, conseguiu chamar a atenção da imprensa conservadora, que muito se opôs à sua forma de atuar. Em 1919, ela se candidatou às eleições municipais, entretanto teve o registro negado, conforme explica a cientista social Carla Cristina Garcia, escritora do livro *Breve história do feminismo*.

Ainda segundo Carla, é possível considerar que muito antes do movimento sufragista, mulheres vinham lutando pela participação no ambiente público por meio das abolicionistas, como a pedagoga Nísia Floresta Augusta, a escritora Maria Firmina dos Reis, a musicista Chiquinha Gonzaga, a professora Maria Amélia de Queiroz, a primeira mulher a ingressar na escola de medicina Marie Josephine Mathilde Durocher, entre outras. Bárbara Alencar, escritora e avó do também escritor José de Alencar, por exemplo, teria participado da Revolução de 1817, além de outras revoltas. "Presa, passou muitos anos em calabouços afirmando – segundo o dito popular – que 'não queira ser rainha não! Queira ser rei!'". Ou seja, a expectativa de um principado para a mulher, quando não se restringia aos muros de sua própria casa, indicava a sua submissão diante do "rei". E, diante da submissão esperada, não é de se estranhar que muitas tenham desenvolvido aversão ao casamento, à vida familiar e à criação de filhos. O primeiro Código Civil brasileiro, de 1916, previa que a mulher casada estivesse submetida ao marido, dependendo da autorização dele para trabalhar, fixar residência ou realizar transações financeiras; a ausência de virgindade era motivo de anulação do matrimônio e ter relações extraconjugais poderiam tirar-lhe outros direitos.

No centro dessa disputa pela ocupação do espaço público estava a divisão sexual do trabalho (pelo gênero), no que consistia à mulher cuidar da casa e dos filhos, enquanto ao homem cabia o provimento da família. Decerto que os laços afetivos entre homens e mulheres se constituíam por tendências de dominação masculina; as lutas feministas no Brasil cindiram-se em linhagens que demandavam maior participação da mulher na vida pública, sem que isso comprometesse os afazeres (ou papéis tradicionais) da vida privada (linhagem considerada "burguesa"), e outros pela liberdade plena e igualdade salarial (linhagem considerada "socialista").

Como movimento difuso, o feminismo "burguês" ou "bem-comportado" mantinha aspectos conservadores sem questionar (ou sem se preocupar) com uma *suposta* opressão masculina. Explica Claricia Otto, com base nos estudos da cientista política Céli Pinto que, "neste sentido, a luta para a inclusão das mulheres à cidadania não se caracterizava pelo desejo de alteração das relações de gênero, mas como um complemento para o bom andamento da sociedade" (OTTO, 2004). Na mesma linha, conforme expôs Carla Garcia, "com a união do movimento feminista brasileiro a esse ideário de 'mãe civilizadora' muitos homens aderiram ao movimento, defendendo direitos femininos, desde que as mulheres não se esquecessem de seus papéis dentro do lar" (GARCIA, 2015). Entretanto, voltando às explicações de Claricia Otto, a linhagem "socialista" era considerada parte dos "feminismos malcomportados" por incorporar uma gama variada de mulheres que, de fato, se incomodavam com a opressão masculina. Elas estavam mais abertas a discussões, como sexualidade e divórcio – ou menos preocupadas com a manutenção da família tradicional. Uma terceira vertente também pode ser considerada, por meio da atuação anarquista, "o menos comportado dos femininos", alinhada às ideias comunistas, e que teve como expoente Maria Lacerda de Moura (OTTO, 2004). "Os anarquistas, força hegemônica até meados da década de 1920, negavam a importância da atuação política institucional e não se incorporaram na luta pelo sufrágio universal, que consideravam improcedente", conforme explica Carla Garcia.

Chama atenção aqui o fato de mulheres feministas terem um sentimento diferente sobre a opressão masculina. Parte não a sentia na esfera familiar, sexual e doméstica, parte sim – e isso vemos ocorrer até os dias atuais, conforme demonstrado aqui no capítulo "Uma leitura de Maquiavel para as lideranças femininas: por que *Princesas* de Maquiavel?". Contudo é possível dizer que, para todas as vertentes, a educação da mulher apresentava-se como a chave para promover o seu desenvolvimento, possibilitar a ocupação da esfera pública por meio do trabalho, e assim conquistar a autonomia financeira diante da dependência econômica de algum homem. Ao longo dos anos, mudanças de conjuntura econômica e social também pressionaram mulheres a ocupar o espaço público por meio do trabalho se quisessem garantir o sustento de si mesmas e da família.

A formação e a informação às quais as mulheres pudessem ter acesso eram tão fundamentais para a defesa de seus interesses que, nesse aspecto, é imprescindível considerar o papel da imprensa alternativa feminina que surgiu em meados do século XIX. Essa imprensa era constituída por mulheres cultas, escritoras, que dialogavam entre si e compartilhavam com quem mais tivesse acesso à leitura – ademais, a tiragem era limitada. Dado que o índice de analfabetismo era grande, tampouco estranha o fato de que a primeira onda feminista brasileira tenha sido realizada por mulheres pertencentes a classes sociais mais altas. São exemplos de veículos da época *O Jornal das Senhoras*; *O Sexo Feminino*; *A Família*; a revista *Mensageira*; *O Bello Sexo*; *O Jornal das Damas*; *Myosotis*; *Echo das Damas*, entre outros. Ainda que alguns desses veículos ressaltassem os papéis tradicionais das mulheres como cuidadoras da casa, filhos e marido, estavam empenhados em promover a emancipação feminina por meio da educação, que também seria importante para o progresso do país (GARCIA, 2015).

O acesso à educação chegou às mulheres em 1827, quando conquistaram o direito de se matricular em estabelecimento de ensino, porém o acesso à faculdade foi permitido somente em 1879. Ainda segundo Carla Garcia, "As primeiras mulheres que ousaram dar esse passo foram socialmente segregadas". Nísia Floresta Augusta, educadora para a emancipação da mulher, teve um papel fundamental nesse período. Foi ela quem traduziu o livro *Direitos das mulheres e injustiça dos homens*, de autoria de Mary Wollstonecraft. A respeito da publicação, explica a historiadora Isabela Campol:

> A concepção de que o campo da razão era privilégio dos homens, criando certa noção de hegemonia do masculino na área das ciências, foi um fenômeno do século das Luzes. Os filósofos iluministas teorizaram sobre as qualidades características de cada sexo, estabelecendo papéis, lugares e posturas de gênero que confinavam as mulheres no ambiente privado. As diferenças biológicas serviam para justificar sua inferioridade social; da análise do plano físico (com as diferenças genéticas e sexuais) julgavam-se as faculdades intelectuais das mulheres. Assim, naquele contexto, o livro de Wollstonecraft fazia coro ao discurso favorável às mulheres...

Outra figura importante a levantar as bandeiras da educação e do sufrágio foi Bertha Lutz, graduada em Biologia pela Sorbonne. Ao voltar para o Brasil, em 1918, foi indicada pelo governo a participar da reunião do Conselho Feminino da Organização Internacional do Trabalho, em 1919, quando da aprovação de salários iguais para as mesmas funções, sem distinção de gênero. Em 1922, a bióloga participou da I Conferência Pan-Americana da Mulher, além de organizar, no mesmo ano, o I Congresso Feminista e fundar a Federação Brasileira pelo Progresso Feminino (FBPF), que tinha por objetivo assegurar os direitos políticos das mulheres e dialogar com outras nações; é possível dizer que a Federação institucionalizou a demanda sufragista. A FBPF, juntamente com outras organizações, contribuiu para que o Código Eleitoral provisório de 1932 garantisse às mulheres o voto e a possibilidade de serem candidatas – direito que foi praticado em 1933, na eleição da Assembleia Nacional Constituinte daquele ano. A primeira deputada federal brasileira eleita foi Carlota Pereira de Queiroz, médica, escritora e pedagoga, tendo atuado como deputada por São Paulo até 1937 (BRASIL, 2019a). Carlota foi a única mulher entre 254 constituintes. A luta também garantiu a Bertha Lutz uma vaga na Câmara dos Deputados anos mais tarde.

Não menos importante, em 1928, no Rio Grande do Norte, foi aprovado o voto feminino regional, o que viabilizou a eleição da primeira prefeita do Brasil e, também, primeira mulher a ocupar um cargo de poder Executivo na América Latina, Luiza Alzira Teixeira Soriano, no município de Lajes (RN) (BRASIL, 2019a).

Cabe lembrar que os direitos políticos de 1932 ainda eram restritos a um grupo específico de mulheres. Entre as restrições estava o fato de que apenas as mulheres casadas com autorização dos maridos e viúvas com renda própria podiam votar. O voto foi estendido a mais mulheres apenas dois anos depois, em 1934, quando previsto na Constituição Federal. A luta foi tão árdua que gerou o "Dia da Conquista do Voto Feminino no Brasil", instituído no calendário oficial do governo federal em 8 de janeiro de 2015 (BRASIL, 2015). Coloca a historiadora Mônica Karawejczyk:

> O movimento sufragista surgiu como uma resposta direta à exclusão das mulheres da política, arena na qual as leis são feitas. Algumas mulheres passaram a acreditar que as muitas desigualdades legais, econômicas e educacionais – contra as quais se confrontavam – jamais seriam corrigidas enquanto os homens não tivessem que prestar contas a um eleitorado feminino. Assim, resolveram se

unir para, juntas, lutarem por seus direitos. O que distinguiu o movimento, em todas as partes em que ocorreu, era que mulheres, de diferentes classes, raças, de graus de instrução e riqueza das mais diversas, se uniram em torno do mesmo objetivo, pois, apesar das diferenças, todas eram iguais na exclusão do mundo político.

Nos anos seguintes, pós-Segunda Guerra, foi criado o Comitê de Mulheres pela Democracia e, em 1952, criada a primeira Assembleia Nacional de Mulheres. As duas organizações tinham como premissa ampliar os direitos femininos. Em 1954 ainda é realizada uma conferência sobre os direitos da mulher na América Latina, porém,

> [...] em 1964, o golpe militar silencia as associações feministas existentes, tanto a liberal burguesa quanto as feministas de esquerda. Contudo, do outro lado da sociedade emergem alguns movimentos de mulheres que prestigiam os militares e organizam a célebre "Marcha da Família com Deus pela Liberdade" (GARCIA, 2015).

Entre 1964 e toda a década de 1970, quando no Brasil estava instaurada a ditadura militar, a repressão política abarcava a todos. As práticas do governo autoritário incluíam a tortura, assassinatos, censura, repressão armada e perseguições, conforme expõem as pesquisadoras Karina Woitowicz e Joana Maria Pedro (2009), em estudo sobre "O movimento feminista durante a ditadura militar no Brasil e no Chile: conjugando as lutas pela democracia política com o direito ao corpo".

No contexto militar e da segunda onda do movimento feminista brasileiro na década de 1970, muitas mulheres são impelidas ao exílio, onde fundam grupos feministas, como o Comitê de Mulheres Brasileiras no Exterior; grupo de autoconsciência em Berkeley, nos Estados Unidos; o Círculo de Mulheres Brasileiras em Paris; e o Grupo Latino-Americano de Mulheres de Paris. Mais uma vez, contudo, esses grupos foram vistos por outras mulheres com hostilidade por determinados setores, que consideravam as lutas envolvendo sexualidade e autonomia do corpo como especificidades divisionistas que turvavam as lutas supostamente prioritárias, como – na visão das críticas – a democratização, a anistia e o socialismo (WOITOWICZ; PEDRO, 2009). Registra-se mais uma vez que, ao longo de todo o histórico do movimento feminista, existiram mulheres com interesses múltiplos que nem sempre foram devidamente respeitados por grupos hegemônicos de caráter ideológico – à direita e à esquerda –, que equivocadamente pretenderam julgar seu estilo superior aos demais.

Apesar das perseguições governamentais e violência entre os pares (entende-se aqui como "pares" as diferentes linhagens feministas), grandes conquistas se deram nos anos 1970, como o Dia Internacional da Mulher, instituído pela Organização das Nações Unidas (ONU) em 8 de março de 1975, que estimulou a criação do Centro da Mulher Brasileira, no Rio de Janeiro, e o Centro de Desenvolvimento da Mulher Brasileira, em São Paulo. Mulheres feministas organizadas passaram a lutar não apenas contra a repressão política, mas também pelo direito ao divórcio, finalmente garantido por lei em 1977 – em 1979 acontece o I Encontro Nacional de Mulheres.

Destaca-se também, durante toda a ditadura, o papel da imprensa alternativa impressa e outros meios de comunicação, como rádio, TV e cinema, que, durante o período, contribuiu para a mobilização de mulheres para a defesa de seus direitos e denúncias contra os atos de agressão. Enquanto a imprensa e os meios de comunicação tradicionais reforçavam os estereótipos de gênero, prevalecia a necessidade de criação de um discurso próprio feminino e feminista por meio de temas, como o trabalho, a participação política, a igualdade de direitos, o aborto, as políticas públicas segmentadas, a violência, entre outros. Entre os veículos que ganharam mais destaque estão os jornais *Brasil mulher*; *Nós mulheres*; *Mulherio*; *Maria Quitéria*; *Correio da mulher*; *Agora é que são elas* (do Círculo de Mulheres Brasileiras); o *Chanacomchana* (lésbico); *Mariação*; revistas *Fotochoq* e *Maria sem vergonha*; os programas de rádio "Mulher em 360º"; "Elas e mais elas"; "Brasília Mulher"; "Brasil Mulher"; "Nós Mulheres", entre outros. Karina Woitowicz e Joana Maria Pedro ainda consideram:

> Elizabeth Cardoso analisa o processo de transformação ocorrido na imprensa feminista, entre as décadas de 1970 e 1990, dividindo as publicações em duas fases: primeira geração, preocupada com as questões de classe e com as diferenças sociais (presente até o ano de 1980, quando ocorre a ruptura do feminismo com os partidos de esquerda, notadamente durante o II e III Congresso da Mulher Paulista), e segunda geração (pós-1980), pautada nas questões de gênero.

Portanto, assim como os primeiros jornais femininos-feministas do século XIX, os conteúdos variavam bastante entre os assuntos de interesse ("burgueses liberais" e "socialistas"), porém, a essa altura, mais mulheres letradas tinham acesso à informação produzida por essas publicações, que também dispunham de tiragem e abrangência maiores do que os primeiros jornais do século anterior.

Já na década de 1980, com a redemocratização do país, políticas públicas contribuíram para o avanço da proteção feminina, como a criação do Conselho Nacional da Condição da Mulher, em 1984; o Conselho Nacional dos Direitos da Mulher, em 1985; e a primeira delegacia de atendimento especializado à mulher. Também nesse período emergem grupos de mães, congressos de mulheres e atos públicos sobre assuntos diversos, além do que se pode chamar de:

> [...] feminismo acadêmico, ancorado no Departamento de Pesquisa da Fundação Carlos Chagas, em São Paulo, e em pesquisas de ciências humanas e educação realizadas nas grandes universidades do país, em algumas das quais surgiram Núcleos de Pesquisa em Estudos da Mulher (OTTO, 2004).

A participação parlamentar feminina deu um salto significativo: enquanto apenas duas deputadas federais foram eleitas em 1978, em 1982 foram oito, e 26 em 1986. Essas 26 deputadas, alinhadas ao "lobby do batom", tiveram, por sua vez, um papel fundamental em uma nova Assembleia Constituinte, quando as demandas femininas foram mais bem incluídas na Constituição Cidadã de 1988. Essa Constituição foi um marco ao proclamar a igualdade entre homens e mulheres em todos os âmbitos.

Na década de 1990, quando restabelecido o Estado Democrático de Direito, a sociedade civil tornou-se mais forte e confiante em suas lutas por direitos que passaram a ser debatidos de maneira ampliada. Conferências Internacionais da ONU, das quais o Brasil participava, também contribuíram para as discussões e desenvolvimento de políticas públicas para a preservação e manutenção da qualidade de vida das cidadãs e suas famílias. Em 1993 foi criado o Conselho Estadual da Condição Feminina, com a finalidade de evitar a discriminação e outras formas de violência contra a mulher, além do Programa de Assistência Integral à Saúde da Mulher (PAISM), por meio do Ministério da Saúde. Ademais, após a IV Conferência Mundial sobre a Mulher, em Pequim, em 1995, foi incorporada à legislação brasileira a emenda sobre a cota de gênero, a Lei 9.100/1995 (BRASIL, 1995), pela destinação de 20% das vagas de cada partido ou coligação a candidaturas femininas. Essa alteração na Lei, juntamente com a ampliação de ações afirmativas diversas, contribuiu para mais um salto para a presença feminina no Congresso Nacional, quando 42 deputadas federais foram eleitas em 2002 (8,2% das 513 cadeiras), com 25 delas (59,5%) parlamentares com primeiro mandato, de acordo com estudo realizado pelo Centro Feminista de Estudos e Assessoria (CFEMEA). Os resultados das eleições de 2002 significaram um aumento de 45% da presença de mulheres na Câmara Federal em relação às eleições de 1998, quando apenas 29 deputadas foram eleitas (5,6% do total). Já para o Senado, foram eleitas 8 mulheres no mesmo período (14,8%) (CRESCE O NÚMERO..., 2002).

Claricia Otto, ainda com base nos estudos de Céli Pinto, considera a existência de dois cenários nas lutas de mulheres na década de 1990: um no qual foi feita uma dissociação entre o pensamento feminista e o movimento, e outro no qual o movimento foi profissionalizado – sobretudo por meio de ONGs (Organizações não Governamentais), o que reforçou a sua expressão social. São exemplos de ONGs o Centro Feminista de Estudos e Assessoria (CFEMEA); Ações em Gênero, Cidadania e Desenvolvimento (Agende); Geledés; Articulação da Mulher Brasileira (AMB); Rede Nacional Feminista de Saúde e Direitos Reprodutivos; Cidadania, Estudo, Pesquisa, Informação e Ação (CEPIA); Assessoria Jurídica Themis; e Comitê Latino-Americano e do Caribe para a Defesa dos Direitos da Mulher (Cladem).

Incluindo mais mulheres na política do século XXI

A partir do século XXI, as vozes feministas foram ampliadas pelo espaço da internet/redes, caracterizado por "ciberfeminismo", propiciando a disseminação de ideais e o encontro de muitas mulheres ao redor do mundo com a realização de campanhas globais em defesa e proteção da mulher. Por meio de blogues e redes sociais, as mulheres também passaram a se encontrar em espaços reais, por vezes se articulando com instituições da sociedade civil e o poder público, de modo a fortalecer o ativismo (FERREIRA, 2015). De acordo com as pesquisadoras Terezinha Fernandes e Edméa Santos, os movimentos de mulheres na internet marcam uma nova etapa do feminismo no Brasil:

> [...] horizontal, performático, com ocupações das ruas e das redes digitais, e que converge novas gerações de pensadoras, filósofas, jornalistas, as quais convidam outras mulheres a saírem do lugar de silenciamento histórico para buscar seu lugar de fala, marcado pela interseccionalidade, pelo empoderamento e pela sororidade.

Nesses anos de intenso uso da internet, emergiram movimentos de mulheres clamando por mais respeito e oportunidades em diversas esferas da vida, como o #MeToo[18], contra a cultura do assédio sexual, que se multiplicou entre atrizes hollywoodianas em 2017 (BBC News, 2018). O #MeToo, no entanto, recebeu resposta de uma centena de mulheres francesas (atrizes, escritoras e artistas em geral, como Catherine Deneuve) sobre um suposto "novo puritanismo", dadas as denúncias envolvendo episódios de assédio e até estupros contra homens das artes (PENTEADO, 2018). Essas mulheres argumentavam que era preciso ter cuidado ao classificar um flerte como assédio sexual. É fato que, no jogo da sedução, um flerte intenso pode existir, desde que não ultrapasse os limites do outro. Ocorre, porém, que em 2020 o produtor da Miramax, Harvey Weinstein, foi condenado a 23 anos de prisão pelos crimes cometidos: estupro em terceiro grau e ato sexual criminoso em terceiro grau. "O caso foi considerado por especialistas em mídia e direito um momento crucial no movimento #MeToo – a representação global ao assédio contra mulheres", de acordo com a reportagem da BBC News Brasil (2020b).

No Brasil, um movimento digital de destaque foi o #AgoraÉQueSãoElas, surgido em 2015, quando jornalistas brasileiros cederam espaço às mulheres para escreverem sobre os temas que lhes eram de interesse. Em 2016, ano de eleições municipais, o movimento juntou-se a outros grupos criando a plataforma política #MeRepresenta, com o propósito de aproximar mais os eleitores das candidatas. No ano seguinte, 2017, tal movimento denunciou um famoso ator por assédio, que acabou afastado da emissora em que trabalhava. E não só. Articulado a outros coletivos de mulheres, o #AgoraÉQueSãoElas lançou a hashtag #MexeuComUmaMexeuComTodas, de modo que, ao menos no ambiente virtual, denúncias sobre violência e assédio contra mulheres ganharam destaque e, ao mesmo tempo, a empatia e "proteção" de outras mulheres. Em 2021, o grupo conta com um blogue independente hospedado pelo jornal *Folha de S.Paulo*/UOL (2018)[19], e mais de 78 mil seguidores no Facebook[20].

A questão dos assédios tornou-se tão séria – sobretudo em transportes públicos (G1, 2018) – que, em 2018, a "importunação sexual" entrou para o Código Penal brasileiro, por meio da Lei 13.718. Em 2019, mais

---

[18] Cabe dizer que, originalmente, o #MeToo foi um movimento iniciado em 2006 pela ativista Tanara Burke.

[19] *Folha de S. Paulo*/UOL – Blog #AgoraÉQueSãoElas: https://agoraequesaoelas.blogfolha.uol.com.br/category/mulheres-na-politica/

[20] Página do Facebook do movimento #AgoraÉQueSãoElas: https://www.facebook.com/agoraequesaoelasblog/about

de 8 mil casos foram registrados. Quanto aos estupros, no Brasil foram registrados 66.123 em 2019, sendo que a maior parte, 85,7%, acometeu mulheres. O número equivale a um crime do tipo a cada oito minutos, geralmente praticado por um conhecido da vítima, como familiares ou pessoas de confiança, 84,1%. Outro dado é que 57,9% das vítimas tinham entre 10 e 13 anos, sendo 18,7% de crimes ocorridos contra crianças de 5 a 9 anos, e 11,2% entre 0 e 4 anos[21].

Mais um problema que acomete as mulheres, sem qualquer distinção étnica, de idade, de classe social, religião ou posição política, é a violência doméstica. Em 2019 foram registrados 266.310 casos, o equivalente a uma agressão a cada dois minutos[22] – convém lembrar que esse número pode ser ainda maior, dada a subnotificação, que também acontece. A violência doméstica é tipificada como crime pela Lei 10.886/2004 e reforçado pela Lei 11.340/2006, conhecida por "Lei Maria da Penha", considerada pela ONU uma das legislações mais avançadas no mundo sobre o tema. Em 2015, a Lei 13.104/2015 tipificou ainda os casos de feminicídio, quando mulheres são assassinadas justamente por serem mulheres.

Diante do cenário da pandemia de covid-19 e as preocupações com o isolamento social, com o intuito de atuar de maneira mais eficaz, o Congresso Nacional aprovou o PL 1.291/2020, aglutinando outros projetos em defesa da mulher, que se transformou na Lei 14.022/2020. Por meio desta lei, entre outras coisas, serviços de atendimento a vítimas no período de isolamento em razão da pandemia foram tornados "essenciais", bem como incentivado o uso de meios digitais para a produção de boletins de ocorrência. É importante ressaltar que a bancada feminina do Congresso teve papel fundamental para viabilizar o projeto (BRASIL, 2020). Outros projetos seguem em tramitação com a finalidade de não só combater a violência contra a mulher, mas também punir os agressores, como o PSL 446/2018, que considera crime hediondo a lesão corporal gravíssima e a lesão corporal seguida de morte quando praticadas contra mulheres, crianças ou maiores de 60 anos. Também é importante ressaltar que parlamentares do sexo masculino estão igualmente envolvidos na elaboração de projetos em defesa da mulher, como o PL 2.510/2020, que obriga síndicos, moradores e locatários a informarem

---

[21] Mais informações podem ser obtidas no site do Fórum Brasileiro de Segurança Pública: https://forumseguranca.org.br/anuario-brasileiro-seguranca-publica/

[22] Mais informações podem ser obtidas no site do Fórum Brasileiro de Segurança Pública: https://forumseguranca.org.br/anuario-brasileiro-seguranca-publica/

casos de violência doméstica e familiar às autoridades competentes, e o PL 781/2020, para que a União destine recursos para a criação de delegacias especializadas no atendimento da mulher nos estados, com funcionamento 24 horas e atendimento realizado preferencialmente por mulheres, apenas para citar dois exemplos[23].

Com o propósito de incentivar maior representatividade feminina nas instituições de poder, grupos organizados passaram a impulsionar o ingresso de mulheres na política institucional. O modelo, geralmente, é o do preparo para o lançamento de candidaturas. Um desses grupos é o #VoteNelas[24], que se apresenta como um "movimento suprapartidário que trabalha para eleger mais mulheres para o Legislativo", e para que "todas as mulheres se reconheçam como uma força política". Mais do que isso, o movimento possui entre os pilares "o fortalecimento da democracia", "a defesa da vida e da segurança da mulher", e a "igualdade nos espaços de poder".

Outro grupo de apoio a mulheres, também surgido em 2018, é #ElasNoPoder[25], com a finalidade de "tornar campanhas femininas mais competitivas e preparadas, quebrando barreiras que as impediam de chegar ao poder". Um dos resultados dessa iniciativa foi a criação da plataforma Impulsa, em parceria com o Instituto Update, um espaço para treinamento e de apoio a novas conexões. Por sua vez, o Vamos Juntas[26] coloca-se como "movimento suprapartidário e nacional para trazer mais mulheres para a política, tendo como primeiro objetivo potencializar as chances de eleições femininas" por meio do desenvolvimento pessoal, formação política, mentoria e apoio em rede. Já A Ponte, atua pela união de mulheres por meio do desenvolvimento de políticas públicas.

O Grupo Mulheres do Brasil[27], encabeçado pela empresária Luiza Trajano, que não atua diretamente para a inserção de mais mulheres

---

[23] Para mais informações sobre outros projetos de lei em tramitação em defesa da mulher, ver artigos das lideranças políticas que seguem neste livro. Também há informações sobre o tema no site do Senado Federal, em matérias e espaços diversos para consulta.

[24] Mais informações sobre o movimento #VoteNelas podem ser obtidas por meio do site: http://votenelas.com.br/sobre/

[25] Mais informações sobre o grupo #ElasNoPoder podem ser obtidas por meio do site: https://elasnopoder.org/sobre-nos/

[26] Mais informações sobre o movimento e instituto "Vamos Juntas" podem ser obtidas por meio do site: http://vamosjuntasnapolitica.com

[27] Mais informações sobre o movimento "Mulheres do Brasil" podem ser obtidas por meio do site: https://www.grupomulheresdobrasil.org.br

na política institucional, mas com vários núcleos do poder público, também é relevante no cenário, pois conta com considerável número de integrantes no Brasil e no exterior – mais de 85 mil em abril de 2021. O grupo afirma ser "hegemônico, de diferentes classes sociais, cores e credos. Mas com um mesmo objetivo: estimular a participação feminina na construção de um Brasil que seja melhor para todos os cidadãos... (por meio de) parcerias com diferentes esferas do poder para fomentar a adoção de políticas afirmativas e eliminar as desigualdades de gênero, raça e condição social".

Além dos grupos citados, existem muitos outros espalhados pelo Brasil com o mesmo propósito de contribuir com o preparo, a promoção dos direitos e/ou a inserção da mulher na política institucional, como o Brasilianas; Muitas; Goianas na Urna; MBL Mulher; Meu Voto Será Feminista; Campanha de Mulher (Mídia Ninja); Think Olga; Elas no Congresso; Gênero e Número; Instituto Alziras; Instituto Patrícia Galvão, entre outros. Um mapeamento, realizado pelo Ministério Público de São Paulo, identificou mais de 200 coletivos e grupos de WhatsApp de embaixadoras em todo o país, conforme explica a promotora de justiça e assessora eleitoral Vera Lúcia Taberti mais adiante, no capítulo "A necessidade de reserva de 50% das cadeiras para mulheres nos parlamentos".

Vários grupos de renovação política organizados pela sociedade civil, de correntes diversas a suprapartidárias - como o RenovaBR; a Rede de Ação Política pela Sustentabilidade (Raps); Acredita; Agora; Livres; Ocupa Política, entre outros -, igualmente vêm atuando para a formação da mulher, a disputa em eleições e a ocupação de postos públicos. Outras instituições e movimentos ligados ao poder Judiciário têm trabalhado na mesma direção, como o grupo "Justiça de Saias", do Ministério Público do Estado de São Paulo. Por sua vez, o Tribunal Superior Eleitoral (TSE) criou o canal #ParticipaMulher, com informações a respeito da trajetória da mulher na política, dados, proteção dos direitos políticos femininos e campanhas de incentivo para o ingresso da mulher na vida pública. Quanto aos partidos políticos, é importante dizer que eles possuem secretarias e comitês para o desenvolvimento das candidatas e políticas públicas com foco na mulher.

São muitas as ações para a inclusão da mulher brasileira na política institucional neste século, bem como para a sua proteção. Nos próximos capítulos, lideranças femininas e de movimentos vão contar como têm lidado com esses temas no dia a dia.

Mulheres na política: um panorama

Por Luís Roberto Barroso e Júlia Rocha de Barcelos[28]

A conquista e o exercício dos direitos políticos pelas mulheres

A conquista do voto feminino no Brasil foi fruto da luta de mulheres que, inspiradas pelos movimentos sufragistas, buscavam a igualdade por meio da participação política. Foi pelos esforços delas que o Código Eleitoral de 1932 removeu, em âmbito nacional[29], as barreiras legais à participação política feminina. No entanto, mulheres de todas as idades foram autorizadas a isentar-se de qualquer obrigação ou serviço de natureza eleitoral, de modo que tanto o alistamento quanto o voto feminino eram facultativos. Assim, a considerar o regime imposto à

---

[28] Luís Roberto Barroso é ministro presidente do Tribunal Superior Eleitoral e ministro do Supremo Tribunal Federal; Júlia Rocha de Barcelos é assessora da presidência do TSE, membro da Academia Brasileira de Direito Eleitoral e Político (Abradep) e vice-presidente da Associação Visibilidade Feminina.

[29] Em 1927, o Rio Grande do Norte já permitia às mulheres votarem e serem votadas. Assim, em 1928, foi eleita no estado a primeira prefeita brasileira.

mulher casada pelo Código Civil da época, na prática ela só poderia votar com autorização do marido. Esse fator, unido à vedação ao alistamento de pessoas analfabetas, reduziu sobremaneira o eleitorado feminino, em um contexto no qual menos de 40% das mulheres acima de 10 anos eram alfabetizadas (INSTITUTO BRASILEIRO DE GEOGRAFIA E ESTATÍSTICA, 2007).

A Constituição de 1934 reforçou os direitos políticos das mulheres, mantendo, contudo, a distinção referente à obrigatoriedade ou facultatividade do voto. Segundo ela, somente as mulheres que exercessem função pública remunerada eram obrigadas a se alistar e a votar. A obrigatoriedade estendeu-se a ambos os sexos apenas na Constituição de 1946, e o direito de voto à população analfabeta foi garantido cerca de quarenta anos depois, pela Emenda Constitucional de nº 25 de 1985 (NICOLAU, 2001). Desse modo, de 1946 a 1974, as mulheres correspondiam a 35% do eleitorado, aproximadamente, embora representassem, em 1974, cerca de 50% da população (BIROLI; MIGUEL, 2010). A paridade no eleitorado somente foi alcançada na virada do século XX para o XXI, e as mulheres representam hoje 52,8% do total de eleitores.

Desde o primeiro momento, as mulheres não se limitaram ao exercício do direito ao voto, e logo se apresentaram como candidatas. Assim, nas eleições de 1933, 19 das 1.041 candidaturas à Assembleia Constituinte eram de mulheres. Dessas, somente uma foi eleita, tornando-se a primeira deputada federal do Brasil (TRIBUNAL SUPERIOR ELEITORAL, 2021b). O número de candidatas à Câmara dos Deputados manteve-se baixo entre 1946 e 1974, variando entre 4 e 18 mulheres. Percentualmente, a oscilação foi de 0,5 a 1,2% do total de candidaturas. De todo modo, o número de eleitas em um mesmo pleito nesse período não ultrapassou 6 deputadas federais, ou 1,47% do total de parlamentares (ALVARES, 2008).

Em 1982, observa-se um aumento no percentual de candidatas, passando as mulheres a representar 3,7% do total dos concorrentes à Câmara do Deputados (58 candidatas). Essa tendência continuou gradualmente até 2006, quando as mulheres representaram 12,67% das candidaturas, passando por 6,5%, 6%, 6,2%, 10,3% e 11,4% em eleições anteriores (TRIBUNAL SUPERIOR ELEITORAL, 2021c)[30]. É possível notar que nem mesmo a instituição da política de cotas de gênero para candidatas

---

[30] Respectivamente, 1986, 1990, 1994, 1998 e 2002. Disponível em: https://www.tse.jus.br/eleicoes/eleicoes-anteriores. Acesso em: 23 ago. 2021.

de 1995, no percentual de 20%[31], e seu aumento para 30% em 1997, foram medidas aptas a proporcionar um aumento significativo na porcentagem de candidatas. Isso, inicialmente, devido à interpretação da lei como uma obrigação de simples reserva de vagas na chapa proporcional e não de efetivo preenchimento dessas vagas com candidatas.

Em 2010, após mudança na redação da lei, o percentual aumentou para 22,2% (1.335 candidatas), ainda sem atingir os 30%, provavelmente devido à desistência de candidatas após o prazo de substituição. Somente em 2014 as candidatas superaram 30%, atingindo 32,2% nas últimas eleições gerais de 2018 (TRIBUNAL SUPERIOR ELEITORAL, 2021d). Como se verá, contudo, o aumento no número de candidatas teve pouco impacto na proporção de mulheres eleitas.

Um avanço rumo à igualdade

Uma sociedade estruturalmente machista apresenta inúmeros obstáculos à participação política feminina, dificultando a eleição das mulheres que se arriscam como candidatas. É possível mencionar, como exemplo, a dupla jornada de trabalho e a predominância na formação de capital social privado[32], ambos ligados à restrição da mulher ao espaço doméstico. O próprio contexto da criação da cota de gênero, com aumento correspondente ao número de candidaturas que poderiam ser apresentadas por agremiação, diluiu a competitividade das candidaturas femininas. Entre as adversidades, contudo, a de maior destaque é a dificuldade para as candidatas obterem apoio e recursos de seus partidos, ambos essenciais, em um sistema eleitoral proporcional de lista aberta, para converter as candidaturas em cadeiras no Parlamento.

---

[31] Registre-se que a Lei de 1995 regulamentava somente as eleições locais do ano seguinte. Nas eleições gerais já se aplicou a Lei nº 9.504/1997 (Lei das Eleições).

[32] Segundo Robert Putnam, capital social é definido como as conexões existentes entre os indivíduos de uma comunidade: suas redes e as normas de reciprocidade e confiança, que derivam delas. A partir desse conceito, Teresa Sacchet (2009) indica que:

> [...] "os homens tendem a participar mais em associações de caráter público, que envolve atividades da esfera pública, são mais heterogêneas e que tratam de temas diversos. As mulheres, por outro lado, participam em grupos mais homogêneos ligados ao cuidado e ao bem-estar da família e da comunidade. A existência de padrões associativos distintos entre homens e mulheres resulta no estabelecimento de redes diversas pelos dois grupos que trariam diferentes benefícios.

Nesse sentido, o julgamento pelo Supremo Tribunal Federal da Ação Declaratória de Inconstitucionalidade nº 5617/DF, em 15 de março de 2018, representou considerável avanço. Na ADI, a Procuradoria-Geral da República questionava a constitucionalidade do art. 9º da Lei nº 13.165/2015, segundo o qual, nas três eleições seguintes, "os partidos reservarão, [...] no mínimo 5% (cinco por cento) e no máximo 15% (quinze por cento) do montante do Fundo Partidário destinado ao financiamento das campanhas eleitorais para aplicação nas campanhas de suas candidatas".

O Tribunal, por maioria e nos termos do voto do relator, ministro Luiz Edson Fachin, julgou procedente a ação para, em síntese, estipular que o percentual de recursos do Fundo Partidário a ser destinado às campanhas de mulheres deve ser equiparado ao percentual de candidaturas femininas efetivamente apresentadas pela agremiação, respeitado o mínimo de 30%. Além disso, foi eliminado o limite de três anos para a ação afirmativa. Isso com fundamento no direito à igualdade, que, por sua eficácia horizontal, se impõe também às agremiações. É de se admitir, portanto, uma desequiparação pontual em favor das mulheres, com o objetivo de superar a desigualdade histórica, evidenciada não apenas pelos dados de participação, mas também pelo próprio descumprimento pelos partidos das normas em benefício das candidaturas femininas.

Após o julgamento da ADI, foi submetida ao TSE a consulta nº 0600252-18, por meio da qual parlamentares indagaram se a decisão do STF se aplicaria à distribuição do Fundo Especial de Financiamento de Campanha e ao tempo da propaganda eleitoral gratuita no rádio e na televisão. A ministra relatora, Rosa Weber, considerou a transcendência dos fundamentos da ADI, "em especial, a premissa de que 'a igualdade entre homens e mulheres exige não apenas que as mulheres tenham garantidas iguais oportunidades, mas também que sejam elas empoderadas por um ambiente que lhes permita alcançar a igualdade de resultados'". A consulta foi então respondida afirmativamente, por unanimidade, em 22 de maio de 2018.

O impacto dessas decisões no número de eleitas é inegável. Nas eleições gerais de 1994, anteriores à implantação das cotas de gênero, 6,24% do total de eleitos para a Câmara dos Deputados eram mulheres. Nas eleições imediatamente seguintes, em 1998, o percentual reduziu-se para apenas 5,65% dos deputados federais. Já em 2002, as mulheres alcançaram 8,2% das cadeiras, iniciando um aumento lento e gradual, considerado orgânico, até as eleições de 2014: em 2006 e 2010 foram 45 deputadas federais (8,77%

do total), aumentando para 51 no pleito seguinte, correspondente a 9,9% do total de cadeiras (MIGUEL, 2000).

Com a garantia de recursos e tempo de rádio e TV nas eleições de 2018, esse percentual saltou para 15%, com 77 deputadas federais: um considerável aumento de 50% em relação ao pleito anterior. Ainda assim, no entanto, o Brasil é, junto ao Paraguai, o último país da América Latina em representação feminina na Câmara Baixa do Parlamento, figurando no 140º lugar do *ranking* de 191 países da Inter-Parliamentary Union (2019).

Importante registrar, ainda, a consulta nº 0600306-47, formulada por Benedita da Silva e julgada em 25 de agosto de 2020 pelo Tribunal Superior Eleitoral. A consulta evidenciou as dificuldades específicas enfrentadas por pessoas negras, especialmente pelas mulheres negras, nas suas campanhas. Assim, por maioria, e nos termos do voto do relator, ministro Luís Roberto Barroso, a Corte garantiu a destinação de recursos públicos do Fundo Partidário, Fundo Especial de Financiamento de Campanha e tempo de rádio e TV na exata proporção de mulheres negras e brancas apresentadas como candidatas, bem como de homens negros e brancos que se candidatassem. A obrigação, que já valeu para 2020, será aplicada pela primeira vez em uma eleição geral em 2022.

Backlash: a violência política de gênero

Os graduais avanços das mulheres na arena pública não vieram sem resistência. Assim, têm ficado cada vez mais evidentes os episódios de violência política de gênero, cujo objetivo é impedir o efetivo exercício dos direitos políticos pelas mulheres. Essa violência pode ocorrer contra pré-candidatas, nas campanhas e mesmo no exercício de mandatos eletivos e outras funções públicas. Ela se manifesta em todas as dimensões: simbólica, física, psicológica, moral, sexual e patrimonial. Pode ocorrer na internet, nas instituições, e mesmo nos parlamentos. Ainda que atinja todas as mulheres, ela impacta de forma mais intensa as mulheres negras e LGBTQIA+.

Assim, 98,5% das mulheres negras que responderam à pesquisa do Instituto Marielle Franco (2020) relataram ter sofrido mais de uma violência política: violência virtual (78%), moral ou psicológica (62%) e institucional (53%) foram as mais relatadas[33]. Do mesmo modo, o dossiê

[33] Instituto Marielle Franco (em parceria com Justiça Global e Terra de Direitos). Disponível em: https://www.violenciapolitica.org/.

elaborado pela Associação Nacional de Travestis e Transexuais e pelo Instituto Brasileiro Trans de Educação evidenciou que 80% das pessoas trans eleitas que participaram da pesquisa não se sentem seguras para exercer o cargo e foram vítimas de ameaças (50%), ataques on-line (38%) e violência física (12%) (BENEVIDES; NOGUEIRA, 2021).

Muito se conquistou na participação das mulheres na política, mas há ainda muito a se avançar. Essa é uma questão de igualdade e justiça, mas também uma forma de melhorar nossos processos de decisão política por meio da diversidade. As mulheres, por suas vivências, acrescentam valores próprios à política institucional. A vida pública, como a vida privada, deve ser a combinação equilibrada entre o feminino e o masculino. Não se pode conceber uma democracia efetiva sem a garantia de participação paritária a todas as mulheres, de todas as idades, raças, etnias, identidades, orientação sexual, com e sem deficiência.

A necessidade de reserva de 50% das cadeiras para mulheres nos parlamentos

Por Vera Lúcia de Camargo Braga Taberti[34]

Apesar da mulher brasileira ter conquistado o direito ao voto em 1932, e ainda que a Constituição Federal de 1988 estabeleça "que homens e mulheres são iguais em direitos e obrigações", não conseguimos transpor esse princípio de igualdade de gênero da teoria para a prática, muito embora o Brasil já tenha eleito e reeleito uma mulher presidente da República, Dilma Rousseff (PT), em 2010 e 2014.

As mulheres representam mais de 52% da população brasileira, porém apenas cerca de 15% delas ocupam cargos políticos. Vários fatores contribuem para a baixa representatividade feminina; entre eles, a dupla jornada de trabalho que as mulheres enfrentam na execução de suas tarefas diárias da casa e na criação e educação dos filhos – não raramente sem auxílio de seus companheiros, e a discriminação e a falta de democratização interna nos partidos políticos. Nesse meio, a vida pessoal das mulheres é muito mais observada e julgada que a dos homens. A cúpula dos partidos políticos é predominantemente masculina, além do fato de que os homens

[34] Promotora de justiça e assessora eleitoral do Ministério Público do Estado de São Paulo.

participam da política brasileira há muito mais tempo do que as mulheres e, por isso mesmo, comandam, conduzem e fazem política como querem.

Para se ter uma ideia da gravidade da nossa situação, de acordo com o *ranking* da União Internacional Parlamentar (UIP), organização ligada à ONU, em relação à representatividade feminina na política, de 191 países, o Brasil ocupa a 140ª posição, ficando atrás do Irã e do Afeganistão. A vizinha Argentina está classificada na 18ª, dado que elevou a participação política feminina ao patamar de 50%. Ruanda, na África, é o país com maior representatividade, onde a cota de gênero foi instituída como uma medida afirmativa na expectativa de se tentar diminuir a desigualdade existente entre homens e mulheres no ambiente político.

Retornando ao Brasil, na IV Conferência Internacional sobre a Mulher, realizada em 1995, em Pequim, parlamentares e ativistas brasileiras empenharam-se para aprovar uma emenda à legislação eleitoral, para que já vigorasse nas eleições municipais que ocorreriam em outubro de 1996. Surgia a implantação da política de cota de gênero no Brasil, que já havia sido introduzida em outros países. Assim, por iniciativa da então deputada federal Marta Suplicy (PT/SP), e assinado por 26 deputadas, foi apresentado um Projeto de Lei que propunha uma cota mínima de 30% de candidaturas para mulheres naquele pleito. A proposta foi acolhida pelo relator, mas com redução para 20% (Lei nº 9.100/1995). Contudo, apesar da clareza da norma, não houve cumprimento do dispositivo legal. Isso porque o seu descumprimento não gerava consequência alguma para o partido político ou coligação, tornando-a praticamente letra morta.

No ano seguinte, com a edição da lei nº 9.504/1997, a Lei das Eleições, em seu art. 10, §3º, o percentual mínimo foi elevado de 20% para 30% e no máximo de 70% de candidaturas de cada sexo. A modificação da legislação ainda permaneceu sem obediência, tendo em vista que a jurisprudência interpretava o preenchimento do percentual de gênero como uma faculdade das agremiações e não como uma obrigação, já que o §3º do art. 10 dispunha que: "do número de vagas resultantes das regras previstas neste artigo, cada partido ou coligação deverá reservar no mínimo 30% e no máximo 70% de candidaturas de cada sexo".

Somente a partir da minirreforma eleitoral de 2009 é que a lei nº 12.034/2009 substituiu a expressão "deverá reservar" pela palavra "preencherá", tornando obrigatório o preenchimento das cotas de gênero quando do lançamento das candidaturas para as agremiações disputarem as eleições. Portanto, segundo a previsão legal, que se aplica apenas às eleições proporcionais (vereadores e deputados), contida no §3º, do art. 10, da lei nº 9.504/1997: "cada partido ou coligação deverá preencher no mínimo 30% e no máximo 70% de candidaturas de cada sexo". Assim, para o lançamento da candidatura de três homens é necessário pelo menos o de uma mulher. A proporcionalidade deve ser respeitada não só no momento do registro da candidatura, mas também durante todo o pleito eleitoral, sob pena de indeferimento do registro de toda a chapa da agremiação. Entretanto, em que pese ter havido aumento da representatividade feminina nas últimas eleições, a cota de gênero não tem surtido os efeitos desejados, já que, como vimos, não se verificou um crescimento expressivo de mulheres na política institucional. Porém, antes da existência da política afirmativa, quase nenhum partido preenchia as vagas reservadas às candidaturas femininas, ocupando a totalidade das vagas da agremiação com candidatos masculinos.

As eleições de 2018 registraram o melhor resultado para a representatividade feminina desde a implantação da política afirmativa da cota de gênero. Isso porque, além de a legislação eleitoral determinar o percentual mínimo de 30% de mulheres nas chapas dos partidos para os cargos legislativos, as mulheres contaram pela primeira vez com o percentual mínimo de 30% do recurso eleitoral oriundo do Fundo Especial de Financiamento de Campanha (FEFC), fruto de interpretação dada pelo Supremo Tribunal Federal, no julgamento da ADI 5.617/DF. A ação conjunta dessas duas políticas afirmativas ampliou a presença feminina na Câmara dos Deputados entre as eleições gerais de 2014 e de 2020, de 51 para 77 eleitas. É oportuno observar que a destinação desse percentual mínimo de 30% dos recursos financeiros para as candidaturas femininas está prevista no art. 6, §1º, da Resolução TSE nº 23.605/2019.

A partir de tais considerações, é possível chegar à conclusão de que a política de implantação da cota de gênero, embora necessária, não é eficaz, e dificilmente propiciará a efetiva participação da mulher. Essa circunstância, aliada à fiscalização da regularidade das candidaturas femininas nas eleições municipais de 2016 e nas gerais de 2018, na qualidade de promotora de justiça eleitoral, me levaram a pensar que se não lutarmos pela implantação de 50% de reserva de cadeiras para as mulheres nos parlamentos, elas dificilmente estarão devidamente representadas – destas, 25% devem ser destinadas às mulheres negras.

Durante a fiscalização e investigação da regularidade das candidaturas femininas nessas duas eleições (2016 e 2018), após analisar a prestação de contas, o perfil das candidatas e ouvir centenas delas em declarações, constatei a falta de incentivo e de suporte para as mulheres, de democratização interna nas agremiações, e que a maioria dos partidos políticos lança candidaturas femininas fictícias para disputarem as eleições. São as chamadas "candidaturas laranjas", aquelas de mulheres que muitas vezes sequer sabem que são candidatas porque o lançamento da candidatura ocorre à sua revelia. Ou daquelas que simplesmente emprestam seus nomes aos partidos políticos por questões afetivas, de amizade ou mesmo de trabalho, apenas para preencher o percentual de gênero exigido pela legislação eleitoral. Estas últimas não têm o menor interesse em concorrer às eleições e não praticam nenhum ato de campanha. Nota-se que o lançamento de candidaturas femininas fraudulentas só fortalece as candidaturas masculinas. Quanto menos mulheres disputam eleições, maior o número de homens eleitos. Acredito que essa prática, a falta de suporte e de incentivo para mulheres, e a ausência de democratização interna dos partidos políticos sejam os maiores obstáculos a serem enfrentados para o aumento da presença feminina no ambiente político.

Analisando o cenário político atual e constatando na prática esse tipo de fraude, após tomar as medidas legais pertinentes, pensei em organizar um grupo apartidário com vários coletivos de mulheres ativistas com um único objetivo: aumentar e fortalecer a representatividade da mulher na política. A ideia era criar um projeto de lei que garantisse a efetiva representatividade das mulheres. Para tanto, contei com a ajuda de Ana Paula Giamarusti, jurista, pesquisadora de direito de gênero e grande defensora dos direitos das mulheres. Por ser muito articulada, ela cuidou de toda a formação de um grupo de trabalho diversificado para a construção do projeto de lei que foi formado entre o Ministério Público de São Paulo e os movimentos da sociedade civil Vote Nelas, LiderA, Mulheres do Brasil, Gepô (Grupo de Estudos de Gênero e Política - DCP/USP), A Fala/Visibilidade Feminina, Elas na Política, Movimento de Combate à Corrupção Eleitoral (MCCE/SP), Mulher Ação, Mulheres com Direito, Rede Feminista de Juristas (DeFEMde), Mulheres Negras Decidem, Partida Feminista, Mais Mulheres na Política, Elas no Poder, Movimento Mulheres com Direito, Instituto Update, Coletivo Feminista Helen Keller; e as ativistas feministas Shirley Siolari e Sami Rodrigues. Nossa primeira reunião foi em 29 de março de 2019. Realizamos reuniões semanais de maio a setembro de 2019.

Juntas, redigimos nosso projeto de lei Mais Mulheres na Política, após chegarmos ao consenso de que somente a reserva de 50% das cadeiras dos parlamentos para mulheres poderia resolver o problema da sub-representação. E mais: diante de tanto preconceito, discriminação e desigualdade, concluímos ainda que 25% dessas cadeiras deveriam ser destinadas a mulheres negras, que representam 27% da nossa população. Hoje, se tomarmos como exemplo a Câmara dos Deputados, temos 513 assentos, dos quais apenas 77 são ocupados por mulheres – 64 ocupados por mulheres brancas e apenas 13 por mulheres negras. Além disso, temos muitos outros exemplos que evidenciam a predominância de mulheres brancas em relação às mulheres negras nos parlamentos.

Recentemente, o Tribunal Superior Eleitoral definiu que os recursos públicos do Fundo Partidário e do FEFC e o tempo de rádio e TV destinados às candidaturas de mulheres devem ser repartidos entre mulheres negras e brancas na exata proporção das candidaturas apresentadas pelas agremiações, após consulta solicitada pela deputada federal Benedita da Silva (PT/RJ). A regra valeria somente para as eleições de 2022, no entanto, por decisão liminar do ministro Ricardo Lewandowski em Arguição de Descumprimento de Preceito Fundamental, a pedido do partido PSOL, a regra já valeu para as eleições municipais de 2020. Mesmo com esse avanço, a mulher negra ainda sofre muito mais preconceito e discriminação do que a mulher branca.

Nessa união de esforços, foram mapeados mais de 200 coletivos espalhados no Brasil, além de formados grupos de WhatsApp de embaixadoras em todas as regiões do país. Foram feitos vídeos de apoio das deputadas estaduais Lecy Brandão (PCdoB/SP), Marina Helou (Rede/SP) e das deputada federais Aurea Carolina (PSOL/MG) e Sâmia Bomfim (PSOL/SP). Nossa estratégia para o projeto de lei ganhar força foi optar pelo modelo de "iniciativa popular", uma vez que para ser aprovado o projeto requer o envolvimento de toda a sociedade, pois a maioria dos parlamentares é do sexo masculino e resistente. Plataformas gratuitas regulamentadas pela legislação possibilitam a coleta de assinaturas digitais. Nesse sentido, fechamos uma parceria com o Instituto de Tecnologia e Sociedade (ITS), que é financiado exclusivamente pelo prêmio Desafio Google de Impacto Social. Agora precisamos atingir a meta de aproximadamente 2,1 milhões de assinaturas para poder encaminhar o projeto ao Congresso Nacional. Para assinar é muito simples: basta baixar o aplicativo "Mudamos" no celular e deixar a sua assinatura.

Vote Nelas: o primeiro movimento neossufragista brasileiro do século XXI

Por Gisele Agnelli[35]

O Vote Nelas nasceu em 2018, organizado por onze mulheres de origem suprapartidária. Todas com uma angústia em comum, um incômodo profundo: a sub-representação da mulher nos espaços de poder e decisão no Brasil, em especial nos espaços políticos. O grupo tem consciência do tamanho dos desafios para enfrentar esse problema. Os desafios são de ordem social e cultural, fazendo que a mudança desejada seja muito desafiadora, demande tempo, consistência e constância de comunicação e ações.

Há um aspecto neossufragista nessa luta, pois a despeito de as mulheres terem garantido o direito ao voto, há ainda um longo caminho a trilhar para efetivamente serem eleitas. Sem isso, não é possível participar da vida democrática deste país como cidadãs, em pé de igualdade em termos de representatividade com os homens. O Vote Nelas nasce dessa necessidade das mulheres se sentirem de fato representadas na política, sabendo ainda que a desigualdade é, em grande medida, histórica. Enquanto as mulheres lutavam pelo direito ao voto, os homens já consolidavam suas alianças,

---

[35] Cientista social e cofundadora do movimento Vote Nelas.

ocupavam os espaços e dominavam os recursos financeiros da política. Em pleno século XXI, ainda lidamos com a dialética sobre a presença da mulher nos espaços públicos e privados.

Em 2018, a principal atuação do Vote Nelas foi de *advocacy*[36], um trabalho para reforçar a importância do voto em mulheres, com uma extensa atividade de comunicação, e a abertura de uma plataforma para dar visibilidade a candidatas de diversos partidos, pautas e ideologias de todo o Brasil.

Já 2019, ano não eleitoral, foi dedicado à realização de uma pesquisa qualitativa chamada Jornada da Candidata. Foram dezenas de horas de conversas com candidatas e mulheres eleitas de todo o Brasil, com o objetivo de entender e sistematizar a trajetória, os desafios e aprendizados das mulheres que se lançaram na política. Essa pesquisa foi significativa para que se possa compreender em detalhes os entraves que impedem as mulheres de avançarem de forma mais rápida nos espaços de representação política deste país. Alguns resultados trouxeram dados pouco discutidos: percebeu-se a necessidade premente de se trazer à tona a forma como os partidos políticos atuam. Os partidos querem que as mulheres sejam candidatas, haja vista a política de cotas de candidaturas obrigatórias, mas não mostram esforços significativos para que essas candidatas sejam, de fato, eleitas.

Outro ponto relevante faz refletir sobre o quanto o uso do termo "candidatas laranjas", amplamente utilizado pela mídia, é inapropriado. A complexidade vai além das muitas fraudes cometidas, mas o termo traz um significado negativo de culpabilização da mulher. O estudo sugere o termo "candidaturas figurantes", que demonstra de forma mais clara que as mulheres fazem campanha, dedicam-se e até mesmo se endividam, mas esperam um apoio real do partido (muitas vezes prometido) que, na maioria das vezes, não acontece. Em resumo, a política é um jogo no qual as cartas são dadas pelos homens. Outro grande obstáculo identificado pelo estudo de 2019 é a dupla, quiçá tripla jornada de trabalho das mulheres. As barreiras para as mulheres fazerem campanhas mais competitivas esbarraram em questões culturais que os homens não enfrentam, criando dificuldades adicionais. Na eleição de 2020, essa situação de dupla, tripla jornada da mulher (relatada na nossa pesquisa em 2019) ganhou contornos

---

[36] *Advocacy* é uma prática para influenciar decisões.

dramáticos em razão da pandemia e pode, em parte, explicar o avanço pouco significativo das mulheres eleitas nessa eleição.

A pesquisa aponta, ainda, que "sem dinheiro não há campanha": o apoio financeiro dos partidos para as campanhas femininas é crucial para que elas sejam eleitas. Diversas estratégias já foram usadas para que os partidos se desviassem da obrigatoriedade dos 30% do Fundo Eleitoral. As entrevistadas relataram questões reais que vivenciaram, por exemplo, o dinheiro do Fundo Eleitoral chegando dois dias antes do pleito. Como seria possível uma candidatura estruturar-se estrategicamente em período tão curto? Por fim, o estudo também descreve o impacto na vida pessoal das candidatas durante o processo eleitoral, que vai da relação com a família até saúde física e mental. Ficam claras as violências, como assédio moral, psicológico e também de cunho sexual, que as mulheres sofrem apenas por serem mulheres em suas campanhas. É o machismo na sua forma mais clara e nítida, uma barreira cada vez mais visível.

Em 2020, o Vote Nelas decidiu expandir a sua atuação pelo Brasil. Mulheres foram mobilizadas em cerca de 80 cidades. O foco, em um ano de eleições, foi fazer as mulheres, das grandes capitais às menores cidades, entenderem como estão representadas em suas prefeituras e estados. O coletivo, mantendo suas características de suprapartidarismo, buscou auxiliar suas embaixadoras com uma rede em que pudessem trocar experiências sobre as dificuldades específicas de ser mulher e candidata. Os relatos das participantes são impactantes: dar às mulheres uma nova lente, para que possam enxergar o Legislativo de sua cidade e do seu Estado pela perspectiva da representatividade feminina é transformador. O movimento de capilarização só tende a crescer até 2022, o próximo ano eleitoral.

Desde que o Vote Nelas foi fundado, em 2018, surgiram vários outros movimentos similares partindo da sociedade civil, com o objetivo em comum de construir um Brasil que represente todas as pessoas: Vote Nelas, Elas no Poder, Elas Pedem Vista, Mais Mulheres, Meu Voto Será Feminista, Brasilianas, Vamos Juntas, apenas para citar alguns. O Vote Nelas, por ter sido um grupo pioneiro, foi gentilmente apelidado de grupos das "madrinhas inspiradoras" dos movimentos que vieram posteriormente. Nesse aspecto de mobilização social, a leitura de cenário que se faz é de que a pressão social pelo aumento da representatividade política das mulheres, dos negros, das maiorias "minorizadas", em geral, veio para ficar.

O Instituto V-Dem, ligado ao Departamento de Ciência Política da Universidade de Gotemburgo, na Suécia, cita a representação de gênero como uma das principais variáveis que contribuem para o desenvolvimento de uma democracia estruturada e fortalecida. O "Democracy Index", da *The Economist*, usa variável número de mulheres como *proxy* para indicar a "saudabilidade" da democracia nos países. O Brasil é considerado um país com democracia "falha" ou meramente "eleitoral", como tem sido classificado recentemente.

Mudanças mais rápidas e significativas para a ampliação das mulheres nos espaços políticos deste país só ocorrerão com reformas políticas que nos favoreçam. Seja a implementação do voto distrital misto, com alternância de nomes de homens e mulheres na lista, como o modelo argentino, seja como o do México, garantindo 50% de cadeiras para cada gênero e não cotas para candidaturas. O Chile, em 2020, garantiu que a nova Constituinte do país fosse elaborada com base na paridade de gêneros (e também garantia a representatividade de indígenas). Os Estados Unidos nunca tiveram tantas mulheres candidatas em sua história como nas eleições de 2016 e 2020. Angela Merkel realizou um trabalho incrível de implementação de paridade de gênero, com cotas para as lideranças partidárias na Alemanha. Os países que avançaram na paridade também já demonstraram os avanços na luta pelos direitos das mulheres: as argentinas aprovaram a descriminação do aborto; as chilenas foram às ruas bradando por políticas públicas mais efetivas de combate à violência contra a mulher, culpabilizando o Estado pela demora, e bradaram em uníssono: *El violador eres tú* (o estuprador é você).

Não há democracia quando mais da metade da população está fora dos espaços de decisão. A mulher representa o contraditório, a pluralidade de opiniões, a diversidade – tão importante na elaboração de políticas públicas mais assertivas que abraçam todos os segmentos da população. A questão da perspectiva própria é fundamental no processo de elaboração de políticas públicas. É urgente que o público-alvo das políticas públicas sejam mulheres, seja a população negra e LGTBQI+, e que estas estejam cada vez mais presentes na elaboração das leis. Por isso, o lema do coletivo tem sido e continuará sendo "nas eleições, vote nelas!". E o trabalho tem sido, e precisa ser, por um mundo onde todas as mulheres se reconheçam como uma força política.

Nossa luta diária por mais mulheres na política

Por Elas no Poder[37]

O ano: 2018, eleições no Brasil. O cenário: mais de 106 milhões de mulheres brasileiras compondo pouco mais de 50% da população. Em relação ao eleitorado, éramos 52,5%; no Congresso, apenas 10% de deputadas federais e 8,6% de senadoras. Entre os candidatos aptos a disputar as eleições, apenas 31% eram mulheres, número muito próximo aos 30% da cota estipulada para os partidos preencherem. Com o desejo de mudar esse cenário de extrema sub-representação e a cruel realidade da política nacional, duas mulheres pesquisadoras e cientistas políticas, que já estavam no mercado de campanhas e pesquisas eleitorais, criaram a ONG Elas no Poder, com a missão de tornar as campanhas femininas mais competitivas e, consequentemente, aumentar a representatividade de mulheres nos cargos políticos eletivos. Desde então, planejamentos estratégicos têm sido desenhados para auxiliar as campanhas femininas por meio de cursos de formação política e treinamento em campanhas eleitorais. Eles têm por alvo não só partidos políticos e candidatas filiadas, mas também o público feminino interessado em se candidatar, ajudar nas campanhas ou apenas conhecer mais sobre a política brasileira. Esses

[37] ONG que conta com a participação de mulheres engajadas para ampliar a representação feminina na política.

cursos impactaram mais de 500 mulheres em diferentes estados do Brasil até o final de 2019.

A necessidade de traçar um diagnóstico verídico e atualizado sobre a participação feminina na política nos levou a realizar a pesquisa "O perfil da mulher na política", em parceria com o coletivo Me Farei Ouvir, que contou com a resposta de 4.111 mulheres de todos os estados por meio de questionário on-line. Com os resultados, em 2020 iniciamos nosso projeto de mentorias on-line, que obteve a inscrição de mais de 1.200 mulheres de diferentes partidos políticos e regiões do país. Antes mesmo de imaginarmos o contexto de pandemia que estava por vir, no início de 2020 demos início a um grande desafio: um financiamento coletivo que nos permitiu construir a plataforma Im.pulsa – on-line e gratuita –, em parceria com o Instituto Update e mais 14 entidades. A Im.pulsa é um espaço de treinamento e desenvolvimento político para lideranças femininas na América Latina; possui videoaulas, cartilhas, estudos de caso e entrevistas, fornecendo de maneira acessível conhecimentos técnicos e experiências de campanha para as candidatas e suas equipes.

Não paramos. O lançamento da plataforma, de fato, contribuiu para ampliarmos o alcance e potencializar nossa voz e atividades, a fim de inspirar, treinar e conectar a próxima geração de mulheres líderes na América Latina, auxiliando-as a superar desafios e produzir campanhas políticas vencedoras. O passo seguinte foi dado com o #ElasConectam, uma forma de identificar e conectar mulheres – candidatas e voluntárias – de diferentes partes do Brasil, para que as campanhas nas eleições municipais ganhassem um reforço e superassem as barreiras já inerentes às candidaturas femininas, somadas às crises sanitária e econômica decorrentes do contexto de calamidade pública.

Em outubro de 2020, o Elas no Poder e mais 40 entidades e organizações se juntaram para lançar a #VEM (Vote Em Mulheres), uma campanha nacional que buscou conscientizar e engajar cidadãos, a sociedade civil organizada e demais atores políticos para o voto em candidatas. Propusemo-nos a potencializar as chances eleitorais de mulheres a fim de ampliar o espaço cívico, promover a mudança de comportamento do eleitorado, aumentar o repasse de doações e a captação de votos às candidaturas femininas, bem como reduzir a sub-representação na política brasileira e fortalecer a democracia. Dezenas de *lives,* parcerias e *workshops* foram realizados, cartilhas e conteúdos compartilhados. Em 2021, também realizamos um novo processo seletivo, que agrega 60 voluntárias espalhadas pelo Brasil.

Como resultado, 45 mentoradas da ONG #ElasnoPoder foram eleitas! Para além destas, foram milhares de pessoas impactadas pelos projetos promovidos, mulheres que se voluntariaram para apoiar candidatas, acessos à plataforma Im.pulsa e doações financeiras.

A cada dia, percebemos o quanto a vontade de uma política mais representativa não é só nossa, mas também de muitas pessoas. No entanto, diariamente mulheres ainda enfrentam a falta de incentivo familiar e de amigos, a ausência de apoio partidário que otimize suas campanhas, o machismo, o racismo, a violência política de gênero e a desproporcionalidade no custo do voto entre homens e mulheres, entre tantas outras dificuldades. Em 2020, somou-se ainda o medo, a perda da renda familiar, a demissão, o abalo à saúde mental e física junto ao isolamento social. Apesar das dificuldades, houve um aumento no número total de mulheres eleitas; porém, 12% de prefeitas e 16% de vereadoras ainda são números distantes da paridade de gênero que tanto almejamos. Mesmo com alterações na legislação brasileira e de resoluções jurídicas em favor de candidaturas negras, por exemplo, ainda é enorme o déficit de representação na política, o abismo democrático e a contínua reprodução do machismo sistêmico que impede o avanço e o ingresso das mulheres nos espaços de poder.

O debate sobre representação feminina, por mais que tenha avançado, conquistado espaço na mídia e se inserido em diversos setores na sociedade, ainda não teve a influência necessária na agenda política dos partidos e no voto dos cidadãos para que consigamos mover, verdadeiramente, as estruturas da política brasileira. O ano agora é 2021. Acreditar que é essencial eleger mais mulheres parece que é falar do passado, de uma ideia que já foi assimilada por tantos países no mundo, mas o Brasil segue no atraso. Nós seguimos lutando. A participação da mulher nos espaços de poder é um desafio diário e fundamental para a construção de uma política mais igualitária e democrática, com a pluralidade de vozes representadas nos espaços de tomada de decisão. É para isso que a ONG Elas no Poder existe.

Por mais mulheres na política: Vamos Juntas!

Por Talita Nascimento e Larisssa Alfino[38]

Em 2018, Carol Gonçalves sequer imaginava que se tornaria a vereadora eleita mais jovem de Toritama, cidade localizada no agreste pernambucano. Com cerca de 45 mil habitantes, Toritama é conhecida como a "capital do jeans" porque produz, anualmente, mais de 20 milhões de peças. A produção é organizada nas "facções", que são fábricas caseiras constituídas por famílias que trabalham cerca de 18h/dia na confecção de peças têxteis.

Filha de mãe e pai costureiros, Carol foi a primeira da família a concluir o ensino superior. Com bolsa do Fies, ela se formou em Relações Internacionais e, ainda na faculdade, fundou a "MUNTO", organização que simula modelos da ONU para estudantes da rede pública. Contudo, foi em 2018 que Carol ampliou suas perspectivas buscando se aproximar da política. Ela se inscreveu no programa Políticas do Amanhã, iniciativa do mandato da deputada federal Tabata Amaral (sem partido/SP), por meio do qual teve a oportunidade de participar da maior conferência mundial de jovens líderes, o One Young World, em Londres. Foi nesse momento que Carol teve a certeza de que, para mudar a realidade de Toritama, era preciso dar um passo adiante, era preciso entrar para a política.

[38] Talita Nascimento é presidente e Larissa Alfino é diretora de operações do Instituto Vamos Juntas.

Foi pensando em lideranças, como Carol, que em 2020 a deputada Tabata Amaral resolveu fundar o Instituto Vamos Juntas, movimento nacional e suprapartidário que trabalha para ampliar a participação feminina na política. A motivação da parlamentar era clara: milhares de mulheres já desempenham um papel de liderança política em suas comunidades, mas por que não ocupam as cadeiras das Prefeituras e Câmaras dos Vereadores espalhadas no Brasil? Não faltam qualificações e capacidade para essas mulheres, mas faltam incentivos para que acreditem que esses espaços de poder podem e devem ser ocupados por elas.

No primeiro ano, o projeto recebeu mais de 350 inscrições de todas as regiões do país. Mulheres negras, indígenas, periféricas, professoras, estudantes, empresárias e tantas outras enxergaram no edital do Vamos Juntas uma oportunidade de realizar um sonho que parecia muito distante. Ao final, foram selecionadas 51 mulheres de 22 estados brasileiros para fazerem parte do projeto-piloto. Dessas, 24% eram LGBTQI+ e 47% eram mulheres negras. O nosso objetivo era formar um grupo de lideranças do Brasil inteiro, que acreditassem na democracia, na importância da igualdade de gênero, e que já trabalhassem, de alguma forma, para transformar a realidade em seus municípios. Para impulsionar essas candidaturas, reunimos uma rede de mais de 20 instituições parceiras e 1.800 voluntários que apoiaram as atividades do instituto e trabalharam pela candidatura dessas mulheres. Em Toritama, por exemplo, Carol contou com seis voluntárias do Vamos Juntas que apoiaram a sua campanha em diferentes tarefas, como comunicação e mobilização. Além disso, criamos um programa de mentorias individuais, realizadas por parlamentares, ativistas, empresários e acadêmicos, e que puderam contribuir com o desenvolvimento das candidatas e suas campanhas.

Cientes de que o cenário de violência política de gênero e o assédio dificultam a realização de uma campanha, sobretudo em uma pandemia, o projeto também ofereceu assessoria jurídica e suporte psicológico, além de cursos e qualificações técnicas oferecidos por uma rede ampla de parceiros especializados nos temas. E foi na lógica do "aprendendo enquanto fazemos" que nós, do Instituto Vamos Juntas, conseguimos apoiar as campanhas das 51 candidatas e eleger 11 líderes para o posto de vereadora. São mulheres, na maioria negras, representantes das cinco regiões do país, de nove estados e dez partidos diferentes. São estudantes, mães e avós que decidiram dedicar as suas vidas para transformar as comunidades das quais fazem parte. E junto com elas estão os 63.163

eleitores que acreditaram em seus projetos. Celebramos os resultados das eleições municipais de 2020, mas sabemos que ainda há muito trabalho a ser feito, principalmente desconstruir preconceitos sobre a atuação das mulheres na política.

Por isso, o Instituto Vamos Juntas analisou a atuação parlamentar na Câmara dos Deputados entre 2015 e 2020 e mostrou que, apesar de as mulheres ocuparem apenas 15% das cadeiras, elas produzem e aprovam mais projetos de lei do que os homens, proporcionalmente. Nesse período, as deputadas apresentaram 40% mais Projetos de Lei Ordinária, Complementar e Projetos de Emenda Constitucional do que os seus colegas homens. Entre os parlamentares que melhor desempenham, temos uma diferença expressiva. Enquanto 36% das mulheres apresentaram em média 14 projetos por ano, somente 24% dos homens apresentaram a mesma quantidade. Já entre os que têm desempenho pior, 27% dos deputados homens apresentaram menos de três projetos por ano, enquanto apenas 13% das colegas mulheres apresentaram a mesma quantidade por ano.

Quando o assunto é articulação política para aprovação de projetos, as mulheres também se destacam. Mesmo sendo minoria nos cargos de liderança e presidindo apenas quatro das 27 comissões parlamentares, as mulheres obtiveram quase o dobro de sucesso na aprovação de seus projetos. Isso porque, como outros estudos já demonstraram, as mulheres tendem a trabalhar de forma mais colaborativa.

O levantamento organizado pelo Vamos Juntas traz uma fotografia que desmente muitos dos preconceitos que são reproduzidos sem embasamento, uma vez que mulheres demonstram elevada produtividade e eficiência em suas ações. O nosso trabalho continua criando brechas nas estruturas de poder e mecanismos que ajudam mulheres a ocupar esse lugar que também é delas. Quando uma mulher desafia as estruturas e luta pelo seu espaço, a sociedade entende o recado e a mudança começa a acontecer. A luta pela igualdade de gênero na política continua, Vamos Juntas!

Rede A Ponte: conectando mulheres pela política pública

Por Amanda de Albuquerque e Mariana Carvalho[39]

Atualmente, no Brasil, as mulheres são sub-representadas em diversos espaços de decisão, tanto no setor público quanto no privado. Especificamente na política, nos cargos eletivos, as mulheres parecem ter esbarrado com um limite de 16% nas vagas que ocupam. Isso ocorre em todas as esferas (municipal, estadual e federal), tanto no Executivo quanto no Legislativo. Apesar de os números terem aumentado nas eleições de 2020, esse incremento foi pequeno: de apenas 3 pontos percentuais no total de mulheres eleitas para a Câmara de Vereadores. O quadro geral continua sendo de distância grande para a paridade de gênero em espaços políticos. Em termos de municípios, os números de 2020 mostram que temos 16% de vereadoras e 12% de prefeitas. Em nenhum outro cargo eletivo das esferas estadual e federal as mulheres superam 15%. Somos apenas 15% das cadeiras do Senado, Congresso e das deputadas estaduais, e temos apenas uma governadora.

---

[39] Amanda de Albuquerque é economista, e Mariana Carvalho é cientista política. Elas são cofundadoras de A Ponte.

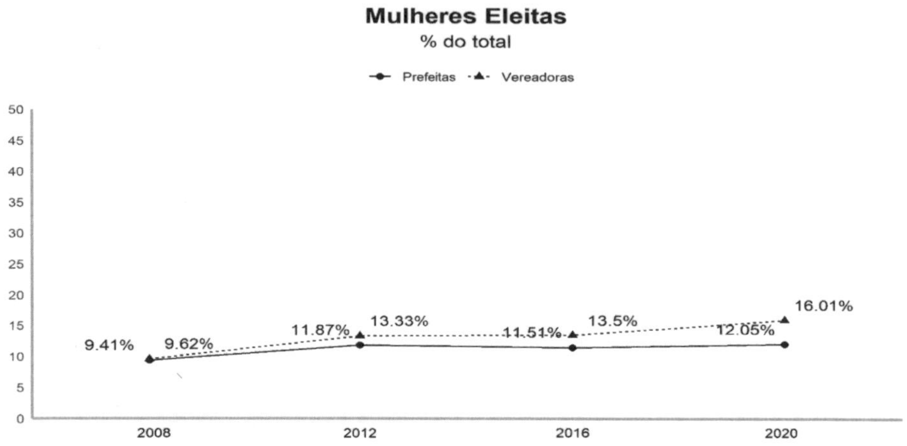

Fonte: Repositório de dados eleitorais, TSE PNAD Contínua (2019)

Figura 1. Evolução histórica de mulheres em cargos eletivos em nível municipal (2008 - 2020)

Essas taxas também se repetem em outros cargos de tomada de decisão. Por exemplo, apenas 4% dos ministérios são chefiados por mulheres[40]. Um número um pouco mais animador é o da diretoria do Banco Central, que é atualmente ocupada por 22% de mulheres[41]. Quando olhamos para o setor privado, temos apenas 13% das empresas com CEOs mulheres[42]. Na Academia Brasileira de Ciências, o retrato não é muito diferente: apenas 14% dos membros titulares são mulheres[43]. Um levantamento feito em 2020, por um grupo de mulheres economistas da USP, mostrou que apenas 15% dos professores titulares de Economia são mulheres.

Com esse quadro precário de participação feminina, não é de surpreender que as mulheres que chegam aos cargos mais altos passaram por vários percalços. Uma vasta literatura mostra que as mulheres enfrentam mais desafios ao longo de suas carreiras profissionais do que os homens. Em média, elas ganham só 80% do que os homens

[40] Projeto Mulheres Inspiradoras, 2018.

[41] BACEN, 2020.

[42] Panorama Mulher, 2018.

[43] Estudo sobre Mulheres na Academia Brasileira.

ganham, ainda que trabalhem na mesma empresa e exerçam a mesma função (BLAU; KAHN, 2017); são sobrecarregadas com as tarefas domésticas e precisam, de forma mais demandante, equilibrar a vida profissional e pessoal (BERTRAND, 2008); são penalizadas em termos de salário por terem filhos, enquanto os homens continuam com suas trajetórias profissionais (KLEVEN; LANDAIS; POSCH; STEINHAUER; ZWEIMÜLLE, 2019); quando são promovidas ou eleitas para cargos políticos, o número de mulheres divorciadas aumenta nessas situações (FOLKE; RICKNE, 2020).

Se focamos nas mulheres na política, esse cenário é agravado por algumas questões. Primeira: as mulheres, por serem entrantes nesse contexto, têm menos acesso a *networking* dentro dos partidos. Seu capital político, assim, costuma ser menor e várias dificuldades são enfrentadas para aumentá-lo. Com pouco poder dentro da esfera partidária, elas têm menos acesso ao financiamento de campanhas, o que impacta diretamente na chance que têm de se eleger. Segunda: o trabalho diário delas nos espaços de poder, uma vez eleitas, é limitado por normas sociais que tentam determinar quais espaços as mulheres podem ocupar. Assim, mulheres têm mais dificuldade de ocupar cadeiras em comissões que não sejam entendidas como tratando de temas femininos, como Orçamento ou Justiça. Em geral, exige-se mais das mulheres que dos homens. Para mulheres obterem reconhecimento pelo seu trabalho, elas devem ter um desempenho excelente; normalmente é esperado delas um desempenho superior e comportamento ilibado, sendo ambos escrutinados frequentemente pelos demais pares na política e pela mídia.

Mas, afinal, por que é tão importante mudarmos esses números?

Mulheres na política e políticas públicas

O funcionamento de uma democracia justa e igualitária é exemplificado pela implementação de políticas públicas que atendem às necessidades de todos os grupos da sociedade. Uma das principais razões para entender a necessidade de haver mais mulheres na política diz respeito à importância de se ter representatividade nos lugares de tomada de decisão. Pensando no desenho de políticas públicas, estudos apontam que quando mulheres estão no poder, há criação de mais políticas que refletem as demandas desse grupo (CHATTOPADHYAYM; DUFLO, 2004), que representa

51,1% da população[44]. Assim, a questão da democracia representativa torna-se *per si* um motivo para a sociedade querer ver mais mulheres nos espaços políticos.

No entanto, que as mulheres consigam ocupar esses espaços de liderança na condução de políticas públicas é apenas o primeiro passo em direção a uma democracia mais fortalecida. Um segundo passo diz respeito ao próprio processo de elaboração de uma política pública, o que não é trivial. Em um contexto de dívida fiscal crescente, é essencial aprimorar a maneira de se pensar política pública de forma que ela possa ser mais efetiva quanto ao uso dos recursos públicos. Pensando nas fases que compõem o ciclo da política pública, um ponto central que se apresenta como uma boa prática em países desenvolvidos é a necessidade de fazer uso de dados e evidências para identificar os problemas sociais e encontrar formas de enfrentá-los.

Um desafio que se apresenta é a enorme desconexão entre a pesquisa acadêmica e a política. De um lado, acadêmicos e *experts* produzem pesquisa e avaliam diversos programas e políticas públicas com alto rigor metodológico. Por outro lado, políticos não consomem esse conhecimento sobre o que já foi construído nas mais diversas áreas, e acabam desperdiçando recursos na implementação de políticas públicas que já se mostraram pouco eficientes. Essa dificuldade de conexão entre os dois espaços ocorre, de certa forma, porque a política não é neutra, ou seja, ela pressupõe a negociação de preferências entre os grupos que compõem o governo.

Por exemplo, como aliviar a pobreza? A evidência de que transferência de renda é importante já existe (GERTLER, 2004). É preciso, então, entender qual é o formato que melhor se aplica ao seu contexto: se tem de haver e quais são as condicionalidades do programa, como o dinheiro será distribuído, qual é a população que receberá o benefício etc. Políticos em cargos eletivos não precisam tomar todas essas decisões, mas eles precisam recorrer a quem sabe, tendo nítido o que é necessário propor para se obter uma política de maior qualidade. Comunicação efetiva da ciência é de extrema importância para que o conhecimento produzido por acadêmicos(as) e pesquisadores(as) chegue a quem vai liderar a elaboração das políticas que irão afetar o desenvolvimento do país.

---

[44] IBGE/Diretoria de Pesquisas. Coordenação de População e Indicadores Sociais. Gerência de Estudos e Análises da Dinâmica Demográfica. Projeção da população do Brasil e Unidades da Federação por sexo e idade para o período 2010-2060.

Já sabemos que estamos longe de chegar no ideal de representatividade nos espaços de poder. Mas o que podemos fazer para fortalecer as mulheres que já estão na política? A Rede A Ponte surgiu justamente para fortalecer a troca entre mulheres especialistas em políticas públicas e mulheres na política, na maioria das vezes eleitas, de forma a desenhar políticas públicas mais eficientes para a população. Acreditamos que ter mulheres eleitas mais bem preparadas para desenvolver políticas mais efetivas é essencial para que os princípios elaborados sejam representativos da sociedade, o que, em última instância, deve ser o ponto de chegada de uma democracia sólida.

Mulheres eleitas são como árvores

Para pensarmos na política, sempre propomos a ideia das micorrizas. Micorrizas são redes subterrâneas presentes no solo das florestas, formadas pela associação das raízes de árvores com outros organismos (como fungos). É por meio dessa rede que as árvores conseguem se comunicar e trocar nutrientes entre si, se fortalecendo e mantendo a vitalidade da floresta. Com essa inspiração da natureza, A Ponte acredita que uma forma de sairmos desse número de 15%-16% de mulheres em cargos políticos seja por meio de redes que vão nutrir e fortalecer as mulheres que decidirem entrar para a política. Assim, vemos as eleitas como as árvores, que podem parecer solitárias quando enfrentam as tempestades, mas que se mantêm de pé graças às suas raízes e a troca que acontece nas micorrizas. Com uma rede de mulheres com *expertise* em pesquisa acadêmica e também com experiência prática de governo, A Ponte tem como principal objetivo ser essa rede subterrânea que apoia as mulheres eleitas. Mais do que isso, quando uma árvore prospera, ela é capaz de fortalecer o crescimento de outras árvores ao seu redor. Assim, acreditamos no fortalecimento das eleitas como *role models*, que cumprem um papel extremamente relevante de inspirar mais mulheres a ocuparem cargos políticos. Temos três pilares de atuação: (1) apoiar mulheres eleitas; (2) engajar mais especialistas no debate público; e (3) promover a troca entre esses dois grupos, levando ciência para o setor público. Com base nesses pilares, uma de nossas principais ações envolve conectar as especialistas e as mulheres eleitas por meio de cursos e *workshops*, nos quais ouvimos suas demandas e trabalhamos para que elas se tornem detentoras de conhecimentos diversos que fortalecerão seus mandatos. Acreditamos no ensino como uma via de mão dupla: eleitas escutam das especialistas, mas também trazem suas vivências e trocam experiências entre si. Esses cursos, porém, foram pensados para serem apenas a primeira ponte entre as mulheres, uma vez que identificamos que há necessidade não somente de distribuição de conhecimento, mas também de apoio contínuo às mulheres eleitas. Assim, passamos a oferecer uma assessoria técnica mensal para elas, que funciona combinando especialistas e eleitas, de acordo com a demanda das escolhidas pelo voto. Além dessas oportunidades de troca entre as mulheres, desenvolvemos algumas ferramentas de suporte para implementação de políticas públicas. A partir do ciclo da política pública (Figura 2), desenvolvemos três ferramentas para apoiá-las ao longo das fases de diagnóstico e desenho da política pública. A primeira ferramenta são os resumos, nos quais tratamos de temas específicos, como educação primária, saneamento básico, gravidez na adolescência, entre outros temas, seguindo a ideia do ciclo da política pública. Nesses resumos, usamos artigos acadêmicos, bem como projetos de lei considerados bem-sucedidos para mostrar o que pode ser feito para mitigar os problemas que as cidades enfrentam.

Figura 2 - As Fases do Ciclo da Política Pública

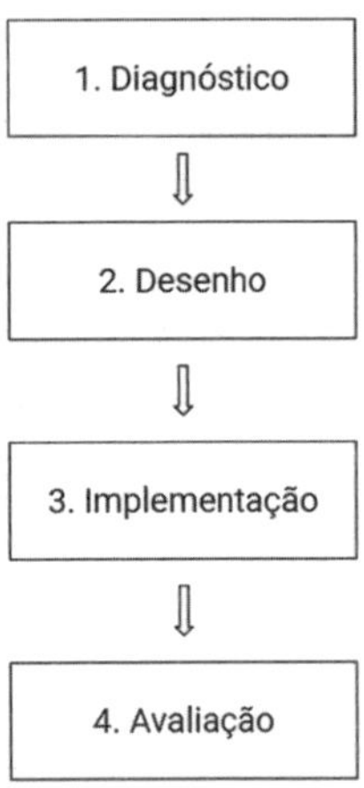

A segunda ferramenta criada pela A Ponte foi pensada com o objetivo de apoiá-las na elaboração do diagnóstico. Chamada de "Fotografia do Município", criamos uma plataforma on-line interativa, na qual as vereadoras e prefeitas podem consultar diversos dados sobre seus municípios. Por fim, também estamos organizando um banco de projetos de lei e políticas públicas para auxiliar as vereadoras e prefeitas na implementação de programas em seus municípios, com base em casos de sucesso de outros lugares.

Em suma, todas essas ações são criadas a partir da visão de que A Ponte surgiu para servir como as micorrizas das "mulheres-árvores", as mulheres na política. Apesar de parecerem sós, elas sempre terão uma rede de apoio para fortalecê-las, com conhecimento e experiências de outras mulheres. Os problemas que o Brasil enfrenta atualmente são complexos e precisamos olhá-los de forma transversal. Acreditamos que por meio da união de mulheres incríveis, de diferentes áreas, vamos conseguir trazer uma nova abordagem e propor soluções inovadoras para mitigá-los e voltar a aumentar a vitalidade desse magnífico ecossistema chamado Brasil.

A que veio o Grupo Mulheres do Brasil

Por Luiza Helena Trajano e Ligia Pinto[45]

Política é um conceito polissêmico, e muitos foram os filósofos e cientistas políticos que tentaram defini-lo. É assente, porém sua origem advém da participação na comunidade, o que o torna, por definição, aquilo que é público. A "pólis" representa o que é comum, o que dividimos uns com os outros em sociedade. Ao final, salvo se nos enclausurarmos em um lugar remoto e solitário, não podemos fugir da política. A política começa na família, estende-se ao nosso entorno e expande para o resto da sociedade. Não estamos mais na Grécia antiga, não conseguimos exercer todas as formas de política diretamente, então buscamos um sistema de representação, a democracia, que pareceu melhor ou mais justo que todos os outros. Assim, em que pese a administração do Estado e a formulação da base legislativa se dar no ambiente formal e representativo da política, é dessa construção subjacente – sociedade civil – que emana o poder.

Acreditamos que a atuação política cotidiana, que tem no voto apenas uma de suas formas de exercício, é muito importante. Optamos por criar uma forma de atuação organizada que unisse e representasse a voz das mulheres brasileiras, por vontade delas: o Grupo Mulheres do Brasil. Atuar politicamente na sociedade significa o exercício pleno da cidadania

---

[45] Cofundadoras do Grupo Mulheres do Brasil.

das participantes do grupo. Garante, ao mesmo tempo, aos interlocutores do grupo, contar com a perspectiva da mulher brasileira na proposição de políticas em prol de um Brasil melhor. O Grupo Mulheres do Brasil é um movimento composto por mais de 85 mil mulheres (em abril de 2021), que atuam nas mais variadas causas e em 120 núcleos, no Brasil e no exterior. Quando surgimos, em 2013, éramos 40 mulheres de diferentes segmentos da sociedade. Estamos em franca expansão e pretendemos chegar a 100 mil mulheres até o final de 2021. Temos como objetivo ser o maior grupo político suprapartidário do país.

As mulheres são mais da metade da população brasileira. Temos cerca de 104 milhões de mulheres no país: pessoas que buscam conquistar um lugar mais digno e justo na sociedade e não ficam só esperando mudanças. Assim, nossa base é a força da mulher brasileira, que quer estar nos espaços de decisão. O que há de comum entre nossas integrantes é o propósito de sermos protagonistas na construção de um país melhor. Somos mulheres de diversas cidades do país, das mais variadas idades, credos, ascendências étnicas e culturais. Somos propositalmente heterogêneas: somos donas de casa, filhas, mães, avós, empresárias, estudantes; somos da cidade e do campo; de todas as classes sociais; brancas, negras, indígenas, amarelas. Desconstruímos padrões masculinos, brancos e heteronormativos de exercício de poder, e colocamos o feminino a serviço do Brasil: uma nova forma de fazer política, que acolhe, cuida, agrega, conecta as pessoas e faz acontecer.

Surgimos a partir de algumas premissas iniciais. Somos a favor da democracia e da liberdade de imprensa. Defendemos os direitos humanos e consideramos que esta não é uma pauta da direita nem da esquerda, mas do Brasil. Somos também contra qualquer tipo de discriminação: por cor, raça, origem, classe social, orientação sexual ou credo. Consideramo-nos feministas, pois defendemos a igualdade de oportunidades entre homens e mulheres e lutamos pelo fim da violência contra a mulher. Consideramos a promoção da igualdade racial um imperativo para um país melhor. Buscamos contribuir com a luta por uma educação pública de qualidade, especialmente para a população de baixa renda, e por um sistema público de saúde eficiente que atenda às necessidades da população.

A partir de todas essas causas, deliberações e projetos, nosso objetivo é promover o engajamento da sociedade civil na discussão de problemas nacionais, e apresentar soluções que componham uma agenda positiva para o Brasil. Queremos unir o país e atuar em uma lógica de monitoramento e ação que coloque nas mãos da sociedade civil a responsabilidade pela reconstrução do país e o enfrentamento da desigualdade que nos assola. Sabemos que o maior problema do Brasil é a manutenção das desigualdades estruturais. Para enfrentá-las, tomamos como referencial principal os Objetivos de Desenvolvimento Sustentável da ONU. Buscamos promover a sustentabilidade social[46] por meio de projetos de valorização da diversidade de raça e gênero, de inclusão social e de cidadania. Também lutamos por paz e justiça[47], reivindicando a gestão eficiente do setor público e privado. Além disso, buscamos contribuir com a sustentabilidade ambiental[48], conscientizando sobre o uso adequado dos recursos naturais e reduzindo impactos ambientais. Já em relação à sustentabilidade econômica[49], entendemos que a redução das desigualdades promove o crescimento continuado da economia e gera ganhos de produtividade.

Para fazer a nossa parte na consecução dos Objetivos de Desenvolvimento Sustentável da ONU, priorizamos algumas metas globais. A primeira é atuar ativamente para diminuir os índices de violência contra a mulher, atacando as raízes do problema. A segunda é promover políticas públicas em favor da regulamentação da educação e da necessária conectividade. A terceira é disseminar a prática da sustentabilidade como tema transversal no Grupo Mulheres do Brasil. A quarta é a defesa da igualdade racial, divulgando a cartilha elaborada pelo grupo e realizar o Fórum de Igualdade Racial. A quinta, mas não menos importante, é aumentar o número de inscritas no Grupo Mulheres do Brasil, para que nossos projetos de enfrentamento das desigualdades possam ganhar maior escala e força.

Temos alguns compromissos inegociáveis que nos diferenciam. Em primeiro lugar, somos um grupo suprapartidário. Em segundo, nossa ênfase no protagonismo feminino não significa que somos contra os homens, mas a favor das mulheres. Não usamos o nome nem os registros do grupo para benefícios pessoais ou profissionais, e não reinventamos a roda: buscamos nos engajar em projetos existentes quando já estão em andamento e são bem conduzidos. Além disso, temos valores que norteiam nossa atuação e os relacionamentos dentro do grupo. Buscamos

---

[46] Objetivos de Desenvolvimento Sustentável da ONU (ODS) 1, 2, 3, 4, 5 e 10.

[47] ODS 16 e 17.

[48] ODS 11, 12, 13, 14 e 15.

[49] ODS 6, 7, 8 e 9.

agir com leveza, isto é, ser empáticas, escutar para entender e não apenas para responder, compreender que errar faz parte (o que evita que nos paralisemos diante dos problemas que nos propomos resolver e nos tornam mais abertas a ação), respeitar as diferenças e celebrar cada conquista. Em nossos relacionamentos dentro do grupo, oferecemos aconchego, tentando entender e respeitar o momento do outro, abraçando as pessoas sem julgamento e restrições, acolhendo com carinho e amorosidade quem quer que seja.

Procuramos, sempre, "fazer acontecer". Somos participativas e proativas na execução de ações e mobilizamos a transformação a partir de uma atitude agregadora. Para isso, buscamos encontrar maneiras de fazer nossas tarefas da forma mais simples e ágil. Queremos sempre pensar fora da caixa, ser ousadas, criativas. Nossa atuação é pautada em promover impacto social mensurável, tanto pelo planejamento, monitoramento e mensuração de impacto de nossas atividades quanto pelos projetos que apoiamos. Também temos como valor buscar diversidade, procurando encontrar, desenvolver e integrar mulheres de todas as comunidades e trazer à tona crenças limitantes para desconstruir preconceitos e promover a inclusão.

Pretendemos, com nossos compromissos inegociáveis e valores, e partindo do lugar de fala da mulher brasileira, propor uma mudança de paradigmas: buscamos ser propositivas e não fazer a "crítica pela crítica". Elaboramos, a partir da experiência em nossos projetos, trocas e diagnósticos, novas pautas e frentes de atuação, com o objetivo de transformar positivamente o nosso país. Portanto, não apenas nos incomodamos e nos insurgimos contra as imensas desigualdades presentes no Brasil, mas também atuamos concretamente.

Um exemplo de projeto pode tornar toda essa descrição mais palpável: atualmente, comparado com outros países, o Brasil possui baixo índice de representatividade feminina em cargos eletivos[50] (140º lugar quanto ao percentual de mulheres no Parlamento, entre as 191 posições existentes). O Brasil possui representação feminina parlamentar abaixo das médias mundiais (de 24,3%) e do continente americano (de 30,6%)[51]. Já em relação ao poder Executivo, o Brasil também está abaixo da média de presença feminina em ministérios, de 20,7%. Acreditamos não ser possível que a

---

[50] *Ranking* disponível em: http://archive.ipu.org/wmn-e/classif.htm.

[51] ONU Mulheres (2019).

democracia seja concretizada no âmbito nacional, segundo os princípios constitucionais do pluralismo político e da igualdade de direitos e deveres entre homens e mulheres[52], sem que seja aumentada a representatividade feminina nesses espaços. Cremos que uma maior participação de mulheres na política seja positiva para todos, tanto para homens quanto para mulheres.

Nesse sentido, evidências científicas indicam que a existência de lideranças femininas em processos decisórios aumenta a qualidade da deliberação (MENDELBERG; KARPOWITZ, 2007), e que, para que isso aconteça, é necessária a formação de uma massa crítica de mulheres representantes (que gira em torno de um mínimo de 30% do total) (GRÜNENFELDER; BÄCHTIGER, 2007). O estilo de atuação das representantes eleitas do sexo feminino é também menos voltado ao confronto e à polarização, e mais voltado à construção de consensos em torno de pautas comuns (VOLDEN; WISEMAN; WITTMER, 2013). A existência de mulheres nesses espaços é especialmente benéfica para a igualdade entre homens e mulheres: estudos apontam que é habitual que mulheres de partidos distintos se unam em frentes parlamentares femininas para promover pautas voltadas a esse tema (INTERPARLIAMENTARY UNION, 2008). É o caso do Brasil, que conta com uma bancada feminina.

Assim, o Grupo Mulheres do Brasil tem como um de seus objetivos defender uma maior participação da mulher nas esferas de poder e, para isso, desenvolvemos diversas iniciativas. Uma delas, durante as eleições municipais, foi o desenvolvimento da plataforma digital APPartidárias, para monitorar as campanhas de mulheres e garantir-lhes visibilidade. A plataforma identificou que, de 374 candidatas mulheres à Câmara de Vereadores, 76 eram invisíveis: não tinham mídias sociais, não se comunicavam por e-mail, não responderam às tentativas de contato do grupo e não recebiam nenhum apoio ou orientação do partido. Esse contingente, que representava 20% das candidaturas femininas, não chegou a fazer campanha. Destas, 7% não tiveram nenhum voto: sequer votaram em si próprias.

Nesse momento ainda criamos um questionário para nos comunicar com essas candidatas e tentar ouvir suas vozes e pautas. Descobrimos que, além das mulheres serem numericamente sub-representadas nas instâncias formais de poder político (Legislativo e Executivo), poucas tinham uma proposta estruturada de campanha. É verdade que as

---

52 Constituição Federal, Art. 1º, inciso V; e CF, art. 5, inciso I.

campanhas masculinas também padeciam do mesmo problema, pois se baseavam em critérios pessoais de visibilidade e não em ideias. Mas estávamos mais preocupadas em compreender quem eram as mulheres que queriam estar na política.

Ao longo dos anos, por meio do projeto, monitoramos candidaturas e campanhas políticas de mulheres para identificar suas dificuldades, criamos diálogos com partidos e instituições (a exemplo do Ministério Público, Congresso e Senado), garantimos visibilidade para as campanhas de mulheres nas redes, defendemos a reserva de assentos para mulheres no Legislativo e, no último ano, montamos canais de comunicação de toda nossa base com as mulheres eleitas nos municípios (carta-compromisso), tentando influenciar nas pautas delas, atuando para que os interesses da população sejam contemplados em projetos e votações. Com a representatividade sendo de fato exercida, mulheres trarão ao espaço legislativo a visão da mulher brasileira sobre de que modo nosso país está sendo conduzido, sugerindo propostas alternativas.

Quando falamos em buscar representatividade real ou substancial, trazemos à pauta a redução da desigualdade, que é a base de quase todos os problemas do país. Embora seus efeitos para a sociedade e para a economia sejam nefastos, a desigualdade entre homens e mulheres é apenas um deles. É nesse contexto e para combatê-la que, então, surge o Grupo Mulheres do Brasil.

Jogar pedra na Geni é o esporte mais democrático da política

Por Madeleine Lacsko[53]

Joga pedra na Geni!
Joga pedra na Geni!
Ela é feita pra apanhar!
Ela é boa de cuspir!
Ela dá pra qualquer um!
Maldita Geni!

Chico Buarque

Dizem que o ódio mobiliza mais que o amor. Na política, o inimigo comum aglutina mais que a relação de aliados. Em tempos de uma política sanguínea, polarizada e espetacularizada, o ataque misógino tem sido uma ferramenta valiosa e suprapartidária.

---

[53] Jornalista especializada em cidadania digital.

Não falo do machismo, que evidentemente sobrevive, mas caminha por aí envergonhado. Falo do que anda de peito cheio, confiante e orgulhoso, inclusive de ser diferente do machismo. É a misoginia. São fenômenos diferentes e hoje a misoginia impacta mulheres de todas as vertentes políticas justamente porque é sub-reptícia e se beneficia da confusão com machismo.

O machismo é crer na superioridade de direitos dos homens sobre as mulheres. A misoginia é ter aversão a mulheres. Ambos são possíveis em homens e mulheres. No debate público, machistas podem mudar de comportamento. Misóginos tendem a buscar justificativa moral e aprovação do grupo para suas condutas, sempre frisando que não são machistas.

Grupos radicais exploram a misoginia porque não trabalham com convencimento, usam a manipulação de emoções. As grandes chagas da alma estão nos atritos com a mãe, algumas das mais vergonhosas envolvem escolhas amorosas. Permitir que o grupo projete suas frustrações sobre uma figura feminina é muito útil para mantê-lo energizado e unido.

Alguns dizem abertamente que atacar mulheres é tática, como o neonazista norte-americano Andrew Anglin, dono do site supremacista The Daily Stormer, que assim orientava seus colaboradores:

> Judeus e mulheres são extremamente voláteis e quase sempre vão correr para a mídia e reclamar se forem atacados nas redes sociais. Se você encontrar algum pervertido esquisito aleatório, mulher ou judeu, você pode escrever sobre eles, atacar eles. Isso funciona particularmente bem com jornalistas, blogueiros, políticos e figuras públicas. Também pode trabalhar em figuras de entretenimento.

A primeira grande experiência de aglutinação de grupos políticos por meio de ataques misóginos, escolhendo deliberadamente alvos femininos, foi o Gamergate, capitaneado pelo editor do site de Steve Bannon. Trata-se de uma escalada violenta de ameaças e ataques a mulheres da comunidade *gamer*, entre 2014 e 2017.

O início do processo foi espontâneo e não tinha nada com misoginia, era reação a patrulhamento ideológico na comunidade *gamer*. Muitos desenvolvedores foram preteridos na cobertura jornalística por não se posicionarem e explodiram denúncias de concorrência desleal. Tudo mudou quando se descobriu um caso específico de uma desenvolvedora beneficiada em *reviews* de seus *games* na publicação onde trabalhava o jornalista com quem teve um caso. Traído, ele contou tudo. O radicalismo político "bannonista" entrou no circo já pegando fogo para redirecionar o caso e transformá-lo em um ataque contra todas as mulheres.

Os ataques, em tese, eram revolta contra injustiças perpetradas no mercado de *games*. Na prática, o tema central nem era mais debatido. A discussão converteu-se em um campeonato de xingamentos, ameaças de estupro e de morte.

O grupo de Bannon defendia publicamente os *gamers* envolvidos em ataques misóginos e lhes providenciava justificativas morais. O circo foi muito benéfico politicamente, embarcou boa parte do público *gamer* na ala de Steve Bannon, o que se torna depois importante para o "trumpismo" nas redes sociais.

Atacar mulheres une e energiza grupos, exatamente como na *Ópera do Malandro*. Exceções são abertas quando e se uma mulher for necessária para a sobrevivência do grupo que a ataca, e os ataques são retomados em seguida. Não se trata de um fenômeno ideológico, mas de uma estratégia de manipulação emocional que tem sido útil na política pós redes sociais.

Há tolerância e, portanto, cumplicidade com misóginos em todo o espectro ideológico. Na direita, há gurus e ideólogos ultrarradicais. Na esquerda, até feministas toleram misoginia contra mulheres que não compram 100% do pacote ideológico, como Marina Silva e Tabata Amaral. "Mano, eu queria tanto pegar essa biscate e socar a cara dela" e "Mas não tem feminismo no mundo, nem a própria Simone de Beauvoir me impediria de deitar essa égua na porrada" foram comentários aplaudidos em redes feministas no Twitter em 15 de março de 2021. As manifestações justificavam-se por um voto de Tabata Amaral.

No artigo *"Silencing women? Gender and online harassment"* (*Silenciando mulheres? Gênero e assédio* on-line, tradução nossa)(NADIM; FLADMOE, 2019), feito para o Instituto de Pesquisa Social de Oslo, fica claro o método operacional da misoginia. Homens recebem mais respostas às postagens que as mulheres e sofrem mais ataques. A diferença é no tipo de ataque.

> O tom geral do assédio on-line contra as mulheres se fundamenta em uma linguagem hiperbólica e sexualizada, junto com sugestões mais sutis de que as mulheres são de alguma forma inferiores, indignas de recursos e menos capazes do que os homens. (NADIM; FLADMOE, 2019)

"Ela tem mágoa da Dilma por ser preterida por Lula, que logo viu a incompetência da tal Marina"; "Marina é medíocre, ressentida e mal-agradecida"; "Ridícula! Marina é ressentida. Amargurada por não ter sido escolhida naquele cenário político". Escolhi três intervenções de militantes feministas em um debate da esquerda sobre Marina Silva e o PT entre 6 e 7 de maio de 2020, no Twitter.

O tema central é colocado em segundo plano para dar lugar a manifestações de clichês de inferioridade da mulher, que subestimam sua capacidade ou importância, a tentativa de rotular e o uso de vocabulário típico da misoginia: ressentida, recalcada, amargurada. Desconsidera-se o que a mulher fez, quem é e o que disse. As reações são sempre a estigmatização da mulher com conceitos misóginos.

O problema dessa modalidade de misoginia é que, diante das mais agressivas, parece menos perigosa. Não é. Trata-se do nosso maior desafio por ser uma tática capaz de se infiltrar em ambientes que não toleram declarações abertas de machismo e misoginia. São movimentos eficientes em energizar e amalgamar grupos pela manipulação emocional com a ideia do inimigo comum.

O psicólogo Jonathan Shedler diz: "as personalidades perversas são especialmente talentosas em arrumar justificativas morais para seus atos e um grupo que aplauda". A política converteu-se em um prato cheio para eles e é ambiente inóspito para mulheres. Nós somos o que toleramos. Passou da hora de aprender a lidar com radicais.

"Deixe de mimimi, sua velha maluca"

Por Cynara Menezes[54]

A talentosa deputada de esquerda, muito atuante nas redes sociais, é "acusada" de passar os dias devorando sanduíches do McDonald's. A exuberante deputada de direita é comparada a uma porca de desenho animado. Ideologias à parte, uma das diferenças mais gritantes entre os homens e as mulheres, na política, não está nas propostas ou performance que têm como parlamentares e governantes, mas nos termos que são utilizados em relação a eles e elas por seus adversários no debate público.

Dificilmente você vai ouvir, em uma discussão entre homens, coisas como "puto", "gordo", "boi", "velho", "feio", "louco". Esse tipo de ofensa infantil, claro que no feminino, é praxe na hora de "rebater" mulheres em uma discussão, seja nas redes sociais, seja no Parlamento. Referências pejorativas à aparência física são um *must*, desde as roupas que usa até a forma como penteia o cabelo ou o jeito como anda. Quando se trata da mulher, qualquer detalhe pode virar instrumento para ataques e depreciação.

Logo surgem os apelidos. Se é loira de direita, é "Barbie"; se é loira de esquerda, é "perua". Uma mulher mais assertiva será criticada como "dura", "mandona" e "arrogante", enquanto homens assertivos serão elogiados por sua "firmeza". Como ironizava a primeira mulher a presidir este país,

---

[54] Jornalista e editora do site Socialista Morena.

aliás arrancada do cargo por um golpe eivado de misoginia: "Sou uma mulher dura cercada de homens meigos" (GOIS, 2010).

A mulher em posição de poder costuma ser escaneada de cima a baixo. Quando julgam não haver "defeitos" a apontar no quesito aparência, recorre-se a acusações falsas sobre a vida privada – é "drogada", "péssima mãe", "mal-amada", "mal-comida" – ou à origem de classe: "favelada", "parece a moça do cafezinho", "marmita de traficante", "semianalfabeta". Não estou usando essas expressões como metáfora, figura de linguagem. *Dê um Google* e verá que todas elas já foram usadas contra mulheres na política em anos recentes – e o mais triste: inclusive por outras mulheres.

Eu mesma, quando faço críticas a um pré-candidato à presidência do Brasil, costumo ouvir dos seus seguidores mais fanáticos que faço isso porque tenho "tesão" por ele. Quando foi que alguém disse a outro homem que suas críticas políticas são motivadas por tesão? Nunca vi.

É particularmente deprimente ver mulheres usando de machismo para atacar outras mulheres – ou, pior, para defender homens. A deputada de esquerda, que foi apalpada por um colega no plenário da Assembleia Legislativa de São Paulo, virou alvo de zombarias e agressões vindas de perfis de extrema direita; mas duro mesmo para uma mulher foi ver a esposa do sujeito sair em sua defesa, acusando a vítima de "querer aparecer".

A deputada de extrema direita, que decidiu romper com os antigos companheiros, entrou na mira dos admiradores raivosos do presidente brasileiro que povoam as redes sociais – nada comparado, porém, à dor de ver sua ex-melhor amiga tramando denúncias contra ela. Lamentavelmente, a parlamentar atingida seguiu o mesmo rumo, cobrando da ex-amiga uma roupa que lhe havia emprestado.

Um dos exemplos mais bem acabados para essa diferença semântica nas discussões políticas envolvendo homens e mulheres está no termo "bruxo/a". Quando aplicado aos homens, "bruxo" é sinônimo de gênio: "O bruxo das previsões políticas", "o mago do marketing eleitoral". Quando aplicada às mulheres, "bruxa" é sinônimo de bruxa mesmo: uma mulher feia, grotesca e má. E como usam "bruxa" contra nós!

O rebaixamento do debate público em nosso país, a partir de 2013, atinge a todos, homens e mulheres. Mas são as mulheres, infelizmente, os maiores alvos da baixaria. Só com elas os argumentos descambam sempre para outro lado que não o assunto que está sendo tratado. O tema é corrupção? "Puta". Economia? "Vaca". Ditadura militar? "Baleia".

Precisamos de mais mulheres na política. Sobre isso pouca gente discorda, pelo menos no discurso. Na prática, porém, o quadro é outro: na eleição de 2020, mesmo representando 52% do eleitorado e com um aumento significativo no número de candidatas, apenas 11,8% das prefeituras passaram a ser ocupadas por mulheres. Só uma das 26 capitais do país (Brasília tem governador, não prefeito) colocou uma mulher na cadeira de administradora. Os números estarrecem ainda mais quando ficamos sabendo que, nos últimos 20 anos, sete mulheres foram eleitas prefeitas das capitais, contra 80 homens; 20 capitais brasileiras nunca tiveram uma mulher prefeita até hoje!

Sim, não há dúvida de que precisamos de mais mulheres na política. Mas e a sociedade brasileira, está pronta para ter tantas mulheres em cargos públicos quanto homens? Está pronta para tratar uma mulher política como igual, usando com ela, em um debate, os mesmos argumentos que usaria com os homens?

"Deixe de mimimi, sua velha maluca", respondeu o *hater* na rede social mais próxima.

Não faço política de gênero

Por Adriana Ventura[55]

"Você é uma deputada que tem cabeça de deputado!" Ouvi essa frase quando cheguei à Câmara dos Deputados, em 2019. Discutíamos, de maneira acalorada, a Reforma da Previdência e o tratamento diferenciado que as mulheres continuariam recebendo, como aposentar-se cinco anos antes dos homens. De um lado, a justificativa da dupla ou tripla jornada, do outro, o artigo 5º da Constituição, que garante que todos somos iguais perante a lei. Na minha perspectiva, essa era a mais pura expressão de que não faço política de gênero e não faço gênero: faço política.

Tenho absoluta consciência, porém, de que esse meu lugar de fala não corresponde ao da maioria das mulheres brasileiras. Fui criada entre dois irmãos e forjada na igualdade de gênero – muito antes de isso virar uma questão social e, depois, uma bandeira. Não recebi nenhuma proteção especial por causa do meu cabelo comprido, do meu tutu de bailarina ou das minhas unhas esmaltadas. Nunca fui poupada de nada, nunca fui "café com leite" ou tive vantagem ou desvantagem por causa de meu duplo cromossomo X. Em outras palavras, não fui discriminada, inferiorizada ou subordinada. Cresci sendo responsabilizada por meus atos, escolhas e futuro. Acredito que essa educação para a autonomia foi o que, talvez, tenha influenciado a minha postura, ainda que de maneira inconsciente.

---

[55] Deputada federal pelo Novo, eleita por São Paulo.

Assim, preciso deixar claro que não foi o gênero que retardou a minha entrada na política aos 50 anos. Não foi a falta de oportunidades para mulheres. Não foi a crença de que política não é lugar para o "sexo frágil" ou algo assim. Foi, simplesmente, a falta de educação para a política. Embora eu tenha tido uma formação cidadã, com olhar para o próximo e para a comunidade, faltou a prática política em si. Construir um mundo melhor passava por agir corretamente e por muito envolvimento em projetos sociais. Fui vice-presidente e conselheira de uma associação que cuidava de mais de 3 mil crianças carentes. E isso, de certa forma, me confortava. Cuidava de um pedaço sem enxergar que o todo estava cada vez mais, digamos, comprometido.

Precisou a Operação Lava Jato começar a descortinar as imensas falcatruas e precisou o Brasil se afundar na enorme crise, em 2014, para acender um estopim em mim. Eu, que detestava política, comecei com mais e mais afinco a me informar e a discutir a situação do país com amigos, até me deparar com um partido, o Novo, que tinha os mesmos princípios e valores que os meus e também a mesma visão da economia. Comecei a frequentar alguns eventos e a participar de algumas ações cidadãs, até que resolvi me filiar. Note-se que era a primeira vez que eu me filiava a um partido político na vida!

Como eu tenho um espaço cultural com salões grandes, comecei a receber, ali, as reuniões partidárias dos filiados da zona oeste da capital paulista, em 2017. Cada vez mais, eu saía da indignação e caminhava para a ação – bordão, aliás, que representa esse acordar político. No ano seguinte, meu envolvimento só aumentou. E já como preparação para a eleição de 2018, aceitei o desafio de chamar mulheres para concorrerem a deputada estadual e a deputada federal. Abro parênteses aqui para explicar que essa tarefa não surgiu de minha mente feminista, mas da imposição da lei eleitoral que exige que, para cada dois candidatos de um gênero, exista pelo menos um de outro gênero. Como os homens ainda imperam no universo da política, e como a inteligência e capacidade femininas ainda não descobriram mais essa área, comecei a correr atrás de mulheres para entrarem no processo seletivo de deputadas para o partido. Dei incontáveis telefonemas, fiz muitos eventos, levei bronca de amigas por tamanha insistência. Até que uma colocou o dedo em riste, apontando o meu nariz: "Mas me diga lá: se é tão importante, por que você mesma não se candidata?". Provocativa e coerente, certo? Resultado: me inscrevi no processo seletivo. No Novo, os candidatos passam por uma sabatina que vai desde a análise de antecedentes até provas sobre valores, afinidade com o liberalismo, conhecimento em Direito etc. E quanto mais eu estudava para os exames, mais crescia em mim a vontade de participar e ajudar o meu país.

Eu sabia que esse não seria um desafio individual. Essa decisão foi tomada em família. Para me candidatar, conversei muito com meu marido, meus pais, minhas filhas, irmãos e alguns amigos queridos. É um passo sério que envolveria uma mudança total na organização da minha vida profissional e também na dinâmica familiar – considerando que se eu fosse eleita passaria, no mínimo, três dias fora de casa por semana. Uma coisa era certa: eu não entraria na disputa para preencher cota de gênero, coisa, aliás, que não acontece no Novo, onde não temos nenhuma candidata com votos pífios. Eu entraria na disputa pra valer, para ganhar e cumprir o meu papel de deputada.

Engraçado que, ao escolher concorrer para deputada federal, deparei-me com aquele olhar crítico, de pouco caso. Algumas vezes acompanhado de uma fala como: "Mas por que você quer concorrer a deputada federal? Não seria melhor concorrer a vereadora primeiro?". Como se os desafios não fossem igualmente importantes ou igualmente difíceis! Pois eu pensei: se quero mesmo ajudar a melhorar o ambiente econômico de meu país, a diminuir a burocracia e o peso do Estado, a promover as tão necessárias reformas, como da previdência, administrativa, tributária e política, era para Brasília que eu tinha de ir. Para a Câmara dos Deputados.

Quando fui aprovada no processo seletivo, passei a responder para as pessoas atônitas: eu vou para Brasília! E repetia com ênfase teatral e dramática: EU VOU PARA BRASÍLIA. E assim, com a ajuda de meu marido, pais, família, amigos de uma vida, ex-alunos, amigos de amigos comecei a traçar meu caminho para as eleições de 2018. Foram poucos meses entre a pré-campanha e a campanha. Meses em que o dia emendou na noite, que emendou no dia. Continuei dando as minhas aulas sobre empreendedorismo e gestão na Fundação Getúlio Vargas (FGV), continuei administrando meu espaço cultural, continuei compartilhando o cuidado de minhas filhas, sendo conselheira na Fundação Julita, e comecei a ligar para todo mundo que passou pela minha vida um dia. Pessoas queridas que não via há muito tempo voltaram, o que foi um presente, assim como conheci novas pessoas dispostas a ajudar, que surgiam "do nada".

"Eu vou para Brasília", eu repetia, a cada telefonema, encontro, evento, compra de supermercado, Uber, manicure. "Eu vou para Brasília", eu repetia a cada reunião no Jardim Europa, na Brasilândia, em Pirituba, em Vera Cruz, em Valinhos. "Eu vou para Brasília." O trabalho foi intenso, planejado, calculado... e sem dinheiro. Fazer campanha no Novo tem um detalhe que coloca os homens e as mulheres na mesma estaca, ou seja, a zero. Todos saímos igualmente com zero reais de fundo eleitoral para usar. Enquanto em alguns partidos candidatos e candidatas chegam a receber R$ 2,5 milhões para fazer campanha, no Novo todo financiamento das eleições é feito a partir de doações de pessoas físicas. Isso quer dizer que a gente tem de pedir dinheiro para todo mundo que conhece e também para quem não conhece, mas acredita no nosso ideal. Na minha opinião, o financiamento de campanha tão desigual no nosso país é um dos principais empecilhos à participação de homens e mulheres na política. Essa disparidade entre o zero e os R$ 2,5 milhões para fazer campanha é a principal diferença entre o sucesso e o fracasso na disputa. Sem fundo eleitoral, tive dois trabalhos simultâneos: conseguir dinheiro para fazer a campanha e fazer a campanha.

A falta inicial de dinheiro não me deteve. Fiz parceria com deputados estaduais, "passei o pires" para irmãos e amigos, desembolsei uns bons tostões e coloquei-me na prateleira, na esperança de que fosse um bom produto para esse nosso tempo. Não me elegi na base de nenhuma pauta feminina. Minhas bandeiras foram basicamente a melhoria do ambiente econômico e o desenvolvimento de uma educação empreendedora – calcadas, provavelmente, no fato de eu ser professora na graduação e na pós-graduação de temas correlatos.

Se me deparei com alguma discriminação de gênero durante a campanha? Sim. Dois episódios similares me deixaram um pouco irritada e com mais vontade ainda de me eleger. No primeiro, um candidato do meu partido pediu para si o voto de uma profissional que trabalhava na minha campanha, com a justificativa: "Adriana não fará nem dez mil votos. Vote em mim". No segundo episódio, uma tia me perguntou em quem deveria votar para deputado federal... Oi? Em mim. Então ela me explicou: "Em quem eu devo votar de verdade?" Precisamos lembrar que as mulheres brasileiras tiveram autorização para estudar há dois séculos? Que há mais de 100 anos a primeira mulher se formou em uma faculdade? Que Bertha Lutz criou a Federação Brasileira pelo Progresso Feminino há quase 100 anos, conquistando o direito feminino ao voto? Que há quase 90 anos foi eleita a primeira deputada, Carlota Pereira de Queiroz?

Fui eleita a despeito daqueles que não levaram minha candidatura a sério. E não fui eleita sozinha. Em 2018, houve um aumento da representatividade feminina na Câmara dos Deputados. Agora ocupamos 15% das cadeiras. Evidentemente é um número menor do que o número de candidatas. Menor do que o número de mulheres na sociedade, 51,7%, de acordo com a Pesquisa Nacional por Amostra de Domicílios Contínua (PNAD Contínua) de 2018. E um número menor do que o de eleitoras, 52%, segundo dados estatísticos de 2018, levantados pela Justiça Eleitoral. Comparado com esses números, 77 deputadas entre 513 parlamentares na Casa é realmente pouco. O número fica ainda mais insignificante quando lembramos que no Maranhão, em Sergipe e no Amazonas não tivemos nenhuma mulher eleita deputada. Penso que, idealmente, a representação feminina deveria ser descritiva, ou seja, acompanhar o número proporcional de mulheres da sociedade, sem que isso implique dizer que mulheres representam melhor outras mulheres. Nós, mulheres, estamos simplesmente aqui, e ter mais mulheres na política corresponde aos princípios de igualdade, pressuposto de nossa Constituição. Isso quer dizer que precisamos de cotas de cadeiras para quebrar o império masculino na política e atingirmos, finalmente, esses 50%? Não. Não acredito na eficácia das cotas. A prova disso é a quantidade de candidaturas "laranjas" em inúmeros partidos e a consequente sub-representação das mulheres.

Acredito, sim, que precisamos querer participar da política. E isso tem mais a ver com educação do que com empurrão. Então, mãos à obra, vamos educar nossas meninas para a autonomia e educar nossos meninos para o respeito. Mudando a base, mudaremos o resultado.

O caminho das mulheres na política brasileira

Por Alda Marco Antonio[56]

A presença de mulheres com mandatos nos parlamentos brasileiros, seja no Congresso Nacional, seja nas Assembleias Legislativas e Câmaras Municipais, vem aumentando lentamente, eleição após eleição. As bancadas, ainda muito pequenas, felizmente são fortes, destemidas, e têm conseguido avanços significativos nas pautas que interessam à defesa dos direitos das mulheres.

As lutas das parlamentares brasileiras sempre contaram com o apoio firme de organizações civis dedicadas a combater a discriminação que pesa sobre as mulheres. Por ocasião do processo de elaboração da Carta Constitucional promulgada em 1988, a colaboração entre as parlamentares e as organizações civis ganhou visibilidade e foi fundamental para os avanços civilizatórios obtidos.

Outro apoio, absolutamente fundamental a ser conquistado nas lutas dentro dos parlamentos, é o do colega deputado. Com tão poucas mulheres parlamentares, a aprovação de leis ou resoluções garantidoras de direitos só será conseguida com o apoio maciço de parlamentares homens. O trabalho, portanto, de quem quer aprovar pautas favoráveis aos direitos das mulheres vai além de unir as parlamentares. É necessário, também,

[56] Coordenadora do #PSDMulher.

convencer os parlamentares homens e em grande quantidade, porque serão seus votos favoráveis que determinarão a vitória das teses defendidas pelas mulheres.

Basta verificar que, na configuração da Câmara Federal, em 2021, contamos com 77 deputadas, que representam 15% do universo de 513 cadeiras. Mas esse quadro já foi pior, muito pior. O direito ao voto para as mulheres, no Brasil, foi alcançado depois de longa luta liderada por Bertha Lutz, durante o processo constituinte que contou com apenas uma parlamentar eleita, Carlota Pereira de Queiroz, paulista, médica, pedagoga e escritora. Carlota foi a primeira deputada eleita no Brasil e única mulher presente na Constituinte de 1934, em cujo processo foi facultado o voto às mulheres brasileiras. Porém, esse direito foi concedido com restrições até 1965, quando o voto feminino passou a ser exercido de maneira irrestrita.

De 1933 até 1982, portanto em 49 anos, tivemos apenas 27 deputadas federais. No processo que culminou com a promulgação da Constituição Federal, em 1988, participaram 29 mulheres eleitas deputadas federais. Embora pequeno, esse número representou um avanço. Em 2014 foram eleitas 51 deputadas federais, o equivalente a 10% das cadeiras na Câmara. Quatro anos depois foram eleitas 77 deputadas, e as mulheres passaram a representar 15% da Casa.

É lento o crescimento da presença de mulheres nos parlamentos ou em cargos majoritários, como senadoras, presidente, governadoras e prefeitas. São imensas as dificuldades que uma mulher tem de enfrentar para se tornar candidata competitiva e lograr vencer a eleição à qual se propôs. Em muitos casos, a candidata não conta com o apoio da própria família. As direções partidárias são dominadas, com raríssimas exceções, por dirigentes homens. Não sejamos ingênuas: cada mulher eleita será sempre um homem que não foi eleito em uma estrutura que já foi completamente masculina.

Mais de mil Câmaras Municipais no Brasil, cerca de um quarto do total, não contam sequer com uma vereadora. Isso significa que, nessas cidades, as leis e decisões públicas são gestadas unicamente pelo pensamento masculino, como se fossem cidades habitadas apenas por homens. É como se nesses municípios não vivesse nenhuma menina, adolescente, mulher adulta ou idosa. Causa espanto, mas é verdade! As populações dessas cidades escolheram ser governadas apenas por homens.

É incrível também constatar que as mulheres são a maioria da população e dos eleitores. É triste ver que, eleição após eleição, as mulheres continuam escolhendo, quase exclusivamente, apenas homens para governá-las. Não há equidade no mundo da política brasileira. Consegui-la é a maior luta a que o #PSDMulher se impôs. Por isso, esse movimento apoia iniciativas que visam à igualdade de oportunidades, respeito e justiça entre homens e mulheres. Ele defende a Agenda 2030 de Desenvolvimento Sustentável, adotada em 2015 pela Assembleia Geral das Nações Unidas; e apoia igualmente a ONU Mulheres, responsável pelo lançamento da iniciativa global "Por um planeta 50-50 em 2030", que prevê que todos, "mulheres, homens, sociedade civil, governos, empresas, universidades e meios de comunicação, trabalhem de maneira determinada, concreta e sistemática para eliminar a desigualdade de gênero".

A vida no interior do partido político é um dos espaços onde, certamente, é mais necessário buscar equidade entre homens e mulheres no mundo da política. No caso do nosso partido, o PSD, há desejo e ações por parte do PSD Mulher, da direção nacional e das direções estaduais no sentido da criação de espaços seguros para a militância feminina. Isso significa respeitar a militante, ouvi-la sempre que desejar falar, considerar suas posições e incluí-la nos espaços de tomadas de decisões. Não é tarefa fácil, sobretudo no que se refere a incluir mulheres nos espaços partidários de tomada de decisões.

A luta para incluir mulheres que militam em partidos políticos, nas respectivas instâncias de poder, é dura e requer competência! As direções partidárias são quase exclusivamente compostas por dirigentes homens. Para enfrentá-los é necessário, além de preparo, determinação. O investimento das instâncias femininas na formação política das militantes é grande, necessário e tem de ser permanente, porque o embate é duro.

A legislação está se movendo para facilitar e incentivar a participação de mulheres na vida pública. Nesse sentido, foi positiva a criação de cotas para garantir legendas de candidaturas de mulheres. Bem-vinda também foi a obrigatoriedade de os partidos destinarem às campanhas de mulheres recursos do financiamento público proporcional ao número de candidatas. No entanto, tais dispositivos mostram-se pouco produtivos no quesito ampliação do número de mulheres eleitas. O que defendemos são cotas de eleitas, que 50% das cadeiras nos parlamentos sejam ocupadas pelas candidatas mais votadas. A outra metade seria para os homens que receberam mais votos. A equidade nos parlamentos jamais será alcançada se persistirem as atuais condições. O Brasil merece e necessita que as mulheres participem das decisões de seu destino!

Mulheres, a política precisa de vocês!

Por Duda Alcântara[57]

"Eu não estou pronta." Essa foi a frase que mais ouvi em minha jornada na busca por mulheres candidatas para as eleições de 2020. Quando me tornei porta-voz da Rede Sustentabilidade na cidade de São Paulo – cargo chamado oficialmente de "presidente" – em maio de 2019, eu liderava um grupo de vinte pessoas e a nossa missão era preparar o partido para o pleito do ano seguinte. Para isso, precisaríamos construir uma chapa com candidaturas competitivas. Estabelecemos, ainda, que essa chapa deveria ter mais mulheres do que homens, seguindo a proporção populacional. Comecei, então, a participar de todos os eventos que os coletivos de mulheres organizavam, além de eu mesma organizar alguns também.

No mês de setembro de 2019, eu tomava café quase que diariamente com alguma potencial candidata. Ao todo, até 4 de abril de 2020 – data-limite para a filiação para conseguir concorrer naquele ano –, conversei com mais de 100 mulheres, mais de uma vez com muitas delas: negras, brancas, indígenas, com deficiência, jovens, ex-candidatas, estreantes, mães, empreendedoras, donas de casa, executivas, acadêmicas, ativistas, bissexuais, lésbicas, trans, líderes comunitárias... Todas especiais e únicas, com histórias maravilhosas,

57 Porta-voz da Rede Sustentabilidade na cidade de São Paulo e membro da Executiva Nacional.

mas a insegurança, em diferentes níveis e intensidade, existia em todas elas. Era difícil ver que mulheres incríveis, inteligentes, comunicativas, cheias de propósito, não se consideravam prontas para ocupar o espaço político. Mas eu sabia que essa insegurança não vinha de um lugar necessariamente racional. Sabia porque eu senti exatamente isso quando, na eleição anterior, de 2018, aos 28 anos, sem trajetória política, decidi concorrer ao cargo de deputada federal.

Foi em um evento da ONU-Habitat em Kuala Lumpur, na Malásia, em fevereiro de 2018, que comecei a entender a importância de ser mulher e querer fazer a diferença na política. Maimunah Sharif acabara de assumir a direção do braço da habitação das Nações Unidas: ela se tornava a primeira mulher asiática a ocupar esse cargo, após ter sido a segunda mulher eleita prefeita em toda a Malásia. As lutas de Maimunah e o momento em que vivíamos (e ainda vivemos) fizeram que a conferência desse um grande destaque às questões de igualdade de gênero. Temas como a baixa representatividade feminina na política, disparidade salarial para os mesmos cargos, desigualdade de gênero, violência contra mulher, cidades inseguras e muitos outros pulsavam por todos os corredores da convenção.

Ao retornar ao Brasil, comecei a considerar ser candidata nas eleições daquele ano. Não tinha certeza sobre ter o nome na urna ou me juntar a uma candidatura coletiva; a minha insegurança era notória. Foi quando me reuni com Marina Helou (até então ainda não era deputada estadual pela Rede em São Paulo), que na ocasião já havia concorrido na eleição de 2016 e era uma referência para mim. Conversamos, principalmente, sobre a necessidade de fazermos algo para mudar a baixa representatividade das mulheres na política.

Um dos meus principais medos era "não saber tudo", não ter a resposta para todos os problemas ou perguntas que as pessoas me fariam. As minhas principais pautas estavam ligadas à habitação, empreendedorismo social, educação, meio ambiente e mulheres, e existiam dezenas de temas além destes que eu não dominava. Quando eu e Marina dividimos nossos medos, ela me questionou: "Mas o que já te perguntaram e você não soube responder?". A minha resposta foi: "nada". Essa insegurança não era racional, era uma sensação que as mulheres têm, historicamente, de não se sentirem prontas para uma vaga de trabalho com nível mais alto, liderarem um grande projeto ou candidatarem-se ao cargo de deputada federal.

Mas o dia em que me fizeram uma pergunta à qual eu não sabia responder chegou. Estava em um debate na Universidade de São Paulo (USP) e queriam saber a minha posição sobre as privatizações, o que para mim requeria uma explicação mais sofisticada do que um simples "sou a favor" ou "sou contra". Lembro-me de ter começado com "não sei, não tenho opinião formada, não existe só uma resposta, depende..." Lembro-me, também, de sentir o desânimo da plateia com o meu excesso de sinceridade. Por mais que eu não tivesse uma resposta objetiva, aprendi naquele dia que poderia ter dito a minha opinião sobre as privatizações nas pautas que eu dominava, começar sempre trazendo alguma resposta, ainda que não fosse a perfeita ou ideal. Foi um dos muitos aprendizados que tive para dividir com as futuras candidatas de 2020. Outros tantos aprendizados se referiam à organização da equipe, logística, panfletagem, planejamento, narrativa, possíveis assédios que as mulheres sofrem durante a campanha e como lidar com a não aprovação de pessoas que você ama.

Quando anunciei a decisão de ser candidata, fui fortemente desencorajada pela família, em especial pelo meu pai. Foi difícil seguir sem o apoio dele; Marielle Franco (ex-vereadora do PSOL pela cidade do Rio de Janeiro) tinha sido assassinada havia poucos meses, e o medo de meu pai era mais que legítimo. Fui questionada por muitos amigos que viam esse passo quase como um desvio do meu caminho: "Duda, você, que sempre se envolveu com projetos sociais e coisas tão legais, querendo ir para a política agora?", diziam – como se a política não fosse também um projeto social para a sociedade. No processo todo, vi a indiferença e senti a ojeriza que as pessoas têm da política. É bem forte e nos afasta ainda mais.

Sou formada em Arquitetura e Urbanismo, com pós-graduação em Economia Urbana e Gestão Pública, e outras formações nacionais e internacionais na área; trabalhei por anos no setor privado e com muitos projetos no setor social; fui presidente do diretório acadêmico da faculdade, realizadora da Virada Política (maior evento de inovação política da América Latina), líder Global Shaper (iniciativa do Fórum Econômico Mundial), além de possuir outras tantas credenciais; mas a sensação de soco no estômago permaneceu comigo praticamente até um mês antes das eleições. Não foi confortável. Não foi fácil. A Rede, na ocasião, tinha pouquíssimos recursos, aos quais não tive acesso, pois minha candidatura não era vista como prioritária. Ao todo, minha captação privada foi de menos de R$ 40 mil reais. Também precisei brigar muito para ter tempo de televisão. Muitas vezes eu não sabia o que estava fazendo ou o que deveria fazer, mas fiz. Tive amigos e apoiadores que contribuíram como puderam. Não fui eleita, mas foram 12.538 votos, sendo a segunda mulher mais votada do partido para o cargo no país inteiro, e isso significou milhares de pessoas me dizendo "sim, você está pronta!". Foi uma sensação indescritível de conquista, vitória, experiência, crescimento e conexão com as pessoas, que eu tentava descrever para cada mulher a quem eu fazia o convite para ser candidata em 2020: "Sim, é possível! Você pode não ganhar a eleição, mas a sensação de fazer exatamente o que você deve fazer é compensadora".

Além da minha própria experiência, utilizei dados de pesquisa. Na Jornada da Candidata, pesquisa qualitativa desenvolvida pelo coletivo Vote Nelas, foi perguntado, entre muitas questões, se as candidatas concorreriam novamente, e a maior parte disse sim. Disseram que valeu a pena, que fariam de novo, mas agora com mais apoio e sabendo o que deveria ser feito. Foi exatamente isso que eu propus: desenvolver um plano robusto, com formação, mentoria, planejamento, material, estrutura de campanha, estabelecer prioridades para o dinheiro, e ser uma presidente municipal de partido que se importaria com a causa e que estivesse à disposição das candidatas. Essa postura fez toda a diferença. Eu sei que algumas mulheres escolheram se filiar à Rede por causa do ambiente acolhedor que ali encontraram.

A política ainda é hostil para as mulheres. Somos 15% no Congresso e a minoria esmagadora em todas as Assembleias Estaduais e Câmaras de Vereadores, sendo que 17% dessas casas sequer têm uma mulher – e esse número já foi bem pior. Entre os dez presidenciáveis analisados em pesquisa publicada pelo jornal *O Estado de S.Paulo* em março de 2021, apenas uma era mulher: Marina Silva, não por acaso fundadora da Rede, partido que valoriza mulheres na liderança.

Tive a oportunidade de perguntar a Rosiska Darcy, importante feminista para a história do Brasil, o que eu deveria dizer para as mulheres que não se sentiam prontas, e ela me respondeu: "Que bom que você não está pronta ou acha que não é para você a política que existe aí, pois o nosso papel é mudá-la! Você não está pronta para a política porque temos de transformá-la e não aceitá-la da forma como ela é". É isso!

Chegamos a ter 56% de mulheres na chapa da Rede em São Paulo, mas a pandemia de covid-19 escancarou ainda mais os problemas sociais, pegando em cheio as mulheres que estavam considerando se candidatar em 2020. Das 19 pessoas que desistiram, 16 delas eram mulheres. Delas eu ouvia uma preocupação muito maior, um senso de responsabilidade com a família, com os filhos e com os pais, com a casa e com o futuro. Eu ouvi um candidato que perdeu o emprego dizer "é até bom", pois lhe daria mais tempo para se dedicar à campanha. No entanto, todas as mulheres que tiveram seu emprego ameaçado, sem exceção, desistiram. A pandemia sobrecarregou as mulheres que, na maioria das vezes, eram responsáveis pelos afazeres domésticos, sobretudo quando mães. Para elas, a pressão era muito maior.

Por fim, chegamos às eleições municipais com 39% de candidaturas femininas (acima do mínimo de 30%), e as três candidatas mais bem votadas eram mulheres. No total, oito entre os dez mais votados eram mulheres. Mesmo sendo minoria, elas tiveram 71% dos votos totais. Além de uma chapa forte, criamos uma cultura colaborativa inédita. O olhar de quem lidera o processo é fundamental. Entre os 33 partidos que existem, apenas cinco eram presididos por mulheres na cidade de São Paulo, nas eleições 2020: PSTU por Ana Luiza Gomes, PSOL por Michele Vieira, PSL por Joice Hasselmann, o recém-criado UP por Vivian Mendes, além da Rede. Será coincidência que as três únicas mulheres a concorrerem para o Executivo da cidade pertenciam a esses partidos?

Ter mulheres engajadas em posição de liderança faz uma diferença sistêmica, seja na conferência da ONU, do outro lado do mundo, seja na fundação ou na presidência municipal de um partido. Acontece que esses espaços são majoritariamente ocupados por homens, com um recorte de diversidade muito restrito. Entrar na política não significa apenas se candidatar a uma eleição, mas também que os espaços precisam ser rearticulados e reorganizados para as mulheres. Muitas vezes, os caminhos institucionais são fechados, os cargos circulam apenas entre os mesmos, e mulheres são escanteadas para áreas setoriais partidárias, mas os desafios não podem ser motivo para a desistência.

Hoje posso dizer, com segurança: "Mulheres, filiem-se, envolvam-se nos projetos internos do partido, entendam as forças que estão postas, as disputas internas, quais são os principais nomes, e contribuam como puderem; aproximem, coloquem em prática o jeito colaborativo de fazer política, mobilizem outras mulheres e briguem juntas por esse espaço; insistam, não tenham vergonha, não tenham medo!". Em uma disputa, somos sempre as primeiras a abrir mão do poder, mas precisamos resistir; cada pequeno avanço feminino não é isolado, ao contrário, contribui para uma mudança pública muito maior. Homens também devem ser nossos parceiros nesse processo, por isso digo: "Reconheçam que espaços com mulheres são mais diversos e, comprovadamente, mais inteligentes, competitivos e melhores para todo mundo".

A liderança feminina traz um olhar para outras mulheres, valoriza a nossa história e abre discussão para problemas que afetam a todas nós. O feminino, na política, significa mais afeto, mais empatia, mais colaboração e uma política sistemicamente melhor, como ela pode e deve ser.

#ElasSIM: mulheres semeando o futuro

Por Fernanda Melchionna[58]

Arrumando meu guarda-roupa, encontrei uma camiseta do I Encontro de Mulheres da Universidade Federal do Rio Grande do Sul, realizado em 2007. Eu já tinha sido coordenadora-geral do DCE da UFRGS em 2005 e, desde 2003, comecei a me interessar pela temática de gênero e o debate feminista. Naquela época, ainda éramos poucas. Ainda assim fazíamos panfletagem, dada a baixa adesão à luta para o combate às desigualdades de gênero. Nosso objetivo era colocar a perspectiva de gênero na atuação do movimento estudantil e na militância partidária. Por isso esse encontro de mulheres foi emblemático, na tentativa de levar o feminismo ao seio das lutas estudantis.

Muito mudou de lá para cá. Uma nova onda de luta das mulheres emergiu no mundo e também no Brasil após a crise econômica de 2008, e uma enorme gama de jovens começou a se identificar como feministas. Há uma nova geração surgindo e novos desafios, e identificar essa mudança é fundamental porque ela também possibilita a ampliação da participação das mulheres na política institucional. Digo isso porque nesses anos de militância sempre encontrei lideranças mulheres para além dos espaços institucionais: em clubes de mães, nos grêmios estudantis, nos centros acadêmicos, mas, quando tratamos de parlamentos, governos e secretarias,

---

[58] Deputada federal do PSOL, eleita pelo Rio Grande do Sul.

esse número diminui significativamente. A história tem seu peso: a política sempre foi masculina. Por exemplo, conquistamos o direito ao voto apenas na década de 1930 e com restrições. Os partidos dominados por homens e a divisão sexual do trabalho, ainda colocando o trabalho doméstico e o cuidado com os filhos como uma tarefa feminina, sempre retroalimentaram essa perspectiva.

Comecei a militar muito jovem, aos 14 anos, contra as privatizações dos governos Fernando Henrique Cardoso e de Antonio Britto, no Rio Grande do Sul, meu estado de origem. Ao me mudar para Porto Alegre, para cursar Biblioteconomia, encontrei-me organicamente com a luta política e o estudo permanente. Com 17, fui coordenadora do meu centro acadêmico, mas o salto para coordenadora-geral do DCE também significou um desafio: romper com o medo de falar em público. Nessa jornada, conheci muitas meninas que tinham o mesmo medo; percebi que não se tratava de um problema subjetivo individual, mas do resultado de uma formação para as atividades domésticas desde criança, afinal, as meninas ganham de presente panelinhas, bonecas para chamar de filhas, casinhas, ferro de passar, e os meninos, desde sempre, ganham bolas, carrinhos, espadas para correr o mundo. Essa criação, que é vendida para nós como natural desde criança, exerce um peso simbólico enorme na escola, na faculdade e também na vida adulta. Os homens do movimento estudantil, com raras exceções, nunca apresentavam aquele medo brutal do microfone. Em 2005, achei que era certo, mesmo com medo, concorrer ao cargo de coordenadora, romper as amarras, falar em assembleia, dar entrevistas e ajudar outras companheiras a enfrentar o mesmo medo. Isso coincidiu com as minhas leituras sobre feminismo e uma mudança enorme da militância política: ingressar para o PSOL.

Desde o final de 2003, com a ascensão de Lula ao poder, sua composição de ministérios com partidos do regime fez uma ala do PT, que não concordava com a política implementada, ser expulsa. Duas mulheres despontaram como lideranças desse processo, que deu origem ao PSOL: Heloísa Helena (que hoje está na Rede Sustentabilidade) e a então deputada federal Luciana Genro. Mulheres corajosas que me inspiraram por serem exemplos de compromisso com as bandeiras históricas da classe. Na formação do PSOL aparece, então, de novo, o debate sobre gênero. Lembro de uma reunião inicial com mais cinco companheiras de outras correntes no Rio de Janeiro, quando combinamos dar início à organização de mulheres dentro do nosso partido. O movimento cresceu e consolidou-se. Não é à toa que o

PSOL foi pioneiro em ter 50% das direções partidárias com mulheres, e tornou-se o partido com a primeira bancada a ter maioria de mulheres na Câmara dos Deputados. A auto-organização interna, a formação e o estímulo à luta feminista forjaram uma coluna de mulheres dirigentes, fortes e representativas da diversidade feminina: camponesas, sindicalistas, jovens, negras, trans, mães etc.

A primeira eleição a que concorri foi em 2008. Ainda não havia um ascenso de mulheres. Minha candidatura representava o legado das lutas da juventude na cidade de Porto Alegre. Luciana Genro foi candidata à prefeita da capital gaúcha, e eu, ao lado de Pedro Ruas, eleitos, formamos a primeira bancada do PSOL para a Câmara Municipal da cidade. O machismo estava em muitos lugares, desde a eleição com piadas machistas e cantadas ridículas, quando eu ia entregar nosso material de campanha, até a experiência no cotidiano da Câmara Municipal.

Quando as mulheres estão na política, tudo é motivo de debate. "Ganhei" uma manchete de jornal, a qual me elegia a mais malvestida da Câmara! Como é possível que os jornais coloquem a roupa de uma parlamentar em discussão? Para piorar, um vereador fez um Projeto de Lei instituindo o tipo de roupa que as mulheres deveriam usar. Sim, isso aconteceu. Protestei com ironia, indo de terno e gravata e fazendo um discurso forte, dizendo que "a política não é só para engravatados". O caso rendeu capa de jornal e o vereador teve de arquivar seu projeto. A solidariedade foi alta! Derrotamos a primeira investida. Mas o machismo seguiu em outro episódio. Outro vereador ameaçou me bater enquanto eu estava na tribuna discursando. Ele começou a gritar "guria de merda, vou te bater", e foi andando afrontosamente em minha direção. Não preciso dizer o tamanho do choque pelo fato e a postura dos demais vereadores presentes. Apenas Toni Proença, Maria Celeste e os assessores do PSOL vieram para perto de mim, para me proteger. Os demais foram em direção ao vereador ajudá-lo a não cometer nenhuma "burrada". Junto a Pedro Ruas (que não estava no dia do ocorrido, mas foi fundamental com seu apoio) denunciei esse absurdo. Obviamente, como era de se esperar, o fato foi para a gaveta do esquecimento.

A masculinidade tóxica também esteve presente nas cantadas sem graça que aconteceram dezenas de vezes e na forma de fazer polêmica. Impressiona como imediatamente depois de um discurso e posicionamento fortes, somos taxadas de loucas e/ou histéricas pelo *establishment*. Mas se o mesmo pronunciamento é feito por um homem, é caracterizado como firme e altivo. São pequenas coisas cotidianas que marcam a vida das mulheres nos espaços da política institucional. E assim foram muitos anos da minha trajetória na Câmara de Vereadores. Até que as Jornadas de Junho de 2013 (movimento social "Não é só pelos 20 centavos", contra o aumento da tarifa do transporte público) eclodiram em Porto Alegre. O aumento da passagem ocorreu em março daquele ano; manifestantes foram agredidos e presos dentro da prefeitura da cidade. Na ocasião, fui solidária e defendi os jovens que ousaram protestar contra o preço abusivo. Por minha conduta, quiseram me transformar na vereadora que "apoiava a baderna". Parte da imprensa me criticou, apesar do aumento escandaloso da tarifa. Enquanto isso, os protestos aumentavam e se expandiam pelo país. Participei dos protestos com os jovens do movimento "Juntos!" e outros coletivos, como o "Bloco de Luta". Ainda em 2013, em 4 de abril, como vereadora, junto com Pedro Ruas, entrei com uma ação jurídica e política para barrar o aumento da passagem. Ruas sempre foi um excelente advogado e, mais que tudo, um amigo. Nós trabalhamos juntos e sempre que o convidavam a dar entrevistas, ele me convidava a participar também, por honestidade e companheirismo. Uma delas me marcou: a jornalista da TV perguntou a Ruas sobre a ação e o elogiou; mas, para mim, questionou: "Vereadora, e a baderna?". Seria engraçado se não fossem recorrentes os casos em que se menosprezam as nossas ações parlamentares pelo fato de sermos mulheres.

O melhor das Jornadas de Junho é que, embora não tenha conseguido gerar uma direção nacional, naquele momento do levante outras lutas passaram a ter mais notoriedade, como a das mulheres, dos LGBTQI+, dos negros e das negras. Com a ascensão do movimento mundial de mulheres, que emergiu em resposta à crise econômica, as lutas democráticas contra ditaduras – como vimos, por exemplo, na Primavera Árabe –, o sujeito social "mulher" voltou ao debate. No Brasil, tivemos a Marcha das Vadias para combater a cultura do estupro e a declaração estapafúrdia de um policial canadense, que disse que "se as mulheres não se vestissem como vadias, não seriam estupradas". Além dessa, tivemos mobilizações contra o PL 5069, do ex-deputado Eduardo Cunha e de fundamentalistas que queriam acabar com a pílula do dia seguinte e dificultar o acesso ao aborto legal. Também protagonizamos um 8 de março de 2017 de muita adesão e força, respondendo à convocatória da "Greve Internacional das Mulheres".

Campanhas de internet, como “Meu primeiro assédio”, levaram milhares de mulheres a refletir e falar (muitas vezes, pela primeira vez), sobre os assédios dos quais foram vítimas. Conseguimos também derrubar propagandas machistas que durante décadas foram vistas como “normais”, embora mercantilizassem nossos corpos. A violência doméstica, que ainda é uma chaga dolorosa na vida das mulheres brasileiras, parou de ser vista como normal. Frases como “em briga de marido e mulher ninguém mete a colher” felizmente não são mais ditas com naturalidade, embora ainda existam desafios para efetivar a Lei Maria da Penha. A brutal execução de Marielle Franco, mulher negra, da periferia, lésbica e vereadora do PSOL, e seu motorista, Anderson Gomes, em 14 de março de 2018, foi dolorosa e um choque para as mulheres. Uma de nós teve a vida ceifada; como resposta, imediatamente, o pedido de justiça para Marielle converteu-se em luta para milhares de mulheres e homens. Luta que ainda segue, pois o Estado brasileiro ainda não respondeu: “Quem mandou matar Marielle?”.

Ainda em 2018, em um cenário de crise econômica e de representatividade com o modelo político apodrecido, muitos fatores levaram à ascensão da extrema direita no Brasil. Diante disso, as mulheres brasileiras reagiram, ainda no processo eleitoral, marcando uma explosão da luta feminista, por meio do movimento “Ele Não” (contra a eleição de Jair Bolsonaro), a maior manifestação feminista da história do Brasil. As vozes de uma velha esquerda que tentou responsabilizar as mulheres pela vitória de Bolsonaro demonstram que ainda existe falta de compreensão histórica. Graças às mulheres brasileiras e ao povo nordestino, tivemos segundo turno. O movimento “Ele Não” também foi determinante para a eleição de mulheres para a Câmara dos Deputados. Mais mulheres jovens e feministas foram eleitas. O ano de 2018 ficou marcado pela maior eleição de mulheres ao Legislativo Federal, de 15%, na qual fui eleita deputada. Certamente o percentual de mulheres ainda é baixo frente ao nosso número na sociedade, mas não deixa de ser um avanço.

Claro que não basta ser mulher, é preciso “estar do lado certo”. Mulheres que reproduzem o machismo e dão sustentação a governos de extrema direita não nos representam. Como bem escreveu a socióloga Rosana Pinheiro Machado (2019), “a extrema direita venceu, mas as feministas também”. A entrada na Câmara dos Deputados em 2019 não foi fácil: além de ser um espaço de poder dominado pelos homens e pelos interesses capitalistas, a composição nesse ano foi piorada com a ascensão da extrema direita no poder também no Parlamento. Em Brasília, fui líder da bancada do PSOL no primeiro ano da pior pandemia que nossa geração já viu. O ano de 2020 começou com enormes desafios. Ao mesmo tempo que o vírus se alastrava, o presidente decidiu combater a ciência. Fomos fundamentais na luta pelo auxílio emergencial, e graças a uma emenda do PSOL conquistamos o duplo benefício às mulheres chefes de família. Como parlamentar, junto com Sâmia Bomfim, David Miranda e mais de duzentos intelectuais e artistas, protocolei um dos primeiros pedidos de *impeachment* contra o presidente.

Agora, enquanto escrevo estas linhas, no primeiro semestre de 2021, mais de 450 mil vidas foram perdidas pela falta de gestão da pandemia; seguimos lutando pelo impedimento do presidente como parte das medidas sanitárias. O vírus também ampliou a dimensão da crise econômica e estamos vivendo uma explosão da desigualdade social, da fome e do desemprego. De novo, as mulheres são as mais impactadas. Nossos desafios são enormes, mas não tenho dúvida de que a latência da Primavera das Mulheres e do movimento "Ele Não" segue na sociedade. Tenho certeza de que em breve veremos uma luta ainda mais pesada contra a falta de gestão da pandemia, e lá estarão as mulheres, como sementes germinando o futuro pós extrema direita no poder.

Nossa luta é humana e igualitária

Por Gleisi Hoffmann[59]

Nos anos 1980, quando o Brasil caminhava para o fim da ditatura militar e a reconquista das liberdades, a euforia democrática nos inspirava a lutar pela defesa dos direitos dos trabalhadores e do povo brasileiro, fazer o país superar os anos de chumbo e tornar-se socialmente justo. Os novos ares nos empolgavam, abrindo espaços para a participação de cada vez mais mulheres na política. Foi nesse cenário nacional que entrei para o movimento estudantil e ingressei no curso de eletrotécnica, no Centro Federal de Educação Tecnológica do Paraná (Cefet-PR), ajudando a reorganizar o grêmio estudantil após a redemocratização. Em 1984, fui dirigente da União Metropolitana dos Estudantes Secundaristas em Curitiba (Umesc) e da União Brasileira dos Estudantes Secundaristas (UBES).

Na adolescência, estudei no Colégio Nossa Senhora da Esperança, administrado pelas irmãs Bernardinas. Fui motivada pelas teses assertivas da teologia da libertação, que tem como preceito que seguir o Evangelho e os ensinamentos de Jesus Cristo é optar pelos mais pobres. Nessa época, cheguei a pensar em seguir a vida como freira no convento da Congregação do Colégio Nossa Senhora da Esperança, em Novo Hamburgo, no Rio Grande do Sul, mas fui impedida pelo meu pai, que

[59] Presidenta nacional do PT e deputada federal pelo Paraná.

não me queria longe de casa e que via nos estudos a chance de uma boa carreira profissional. No segundo grau, já no Colégio Medianeira, de estrutura jesuíta, recebi a educação que considero a mais importante para a formação de minhas convicções e fui estimulada a pensar politicamente. Lá entendi que a visão cristã de igualdade e fraternidade poderia se materializar por meio da ação política.

Obras como *Veias Abertas da América Latina*, de Eduardo Galeano, e o *Manifesto Comunista*, de Marx e Engels, eram minhas referências. *Deus e a Ciência*, dos irmãos russos Igor e Grichka Bogdanov e do filósofo cristão francês Jean Guitton, também exerceu muita influência em meus propósitos. Na militância estudantil, filiei-me ao PCdoB e ganhei o codinome de Rosa Luxemburgo, filósofa e economista marxista conhecida pela militância revolucionária, que até hoje inspira a mim e a muitas mulheres.

Em 1989, filiei-me ao Partido dos Trabalhadores (PT) e entrei para a Faculdade de Direito de Curitiba. O PT havia sido criado poucos anos antes pelo desejo transformador de trabalhadoras e trabalhadores, intelectuais e movimentos sociais e religiosos. O ex-presidente Lula simbolizava essa luta pela inclusão social e, em um partido com militância de muitas mulheres, vi a chance de contribuir com esse projeto.

Passei a trabalhar como assessora parlamentar na Câmara de Vereadores de Curitiba, atuando junto aos movimentos populares. Mais tarde, especializei-me em gestão de organizações públicas pela Universidade Federal do Mato Grosso do Sul (UFMS) e em administração financeira pela Faculdade de Administração e Economia do Paraná (FAE). Também fui secretária de Estado no Mato Grosso do Sul e secretária de gestão pública no município de Londrina (PR). Em 2002, fiz parte da equipe de transição do governo Lula, ao lado da então ministra Dilma Rousseff, assumindo depois a diretoria financeira da Itaipu Binacional. Tenho grande honra dessa trajetória que me levou, mais tarde, a ser a primeira mulher eleita para o Senado no meu estado (PR), assumir a Casa Civil do governo Dilma e ser eleita e reeleita para presidir o maior partido de esquerda da América Latina.

O dia a dia na política é tenso e intenso, e ainda mais pesado para a mulher. O ambiente político, além do machismo – carga cultural da sociedade na qual vivemos –, ainda é eminentemente masculino, com seus códigos e suas formas de decisão. Soma-se a isso o fato de as mulheres que nele atuam dificilmente terem um esteio pessoal para organizar suas vidas, como cuidar do ambiente doméstico, principalmente dos filhos e das relações familiares. Dificilmente o homem, companheiro de uma mulher que tem vida política, assumiria essa relação, se fosse o contrário. Isso resulta em uma carga emocional que chega ao sentimento de culpa por não resguardar a família, como manda a tradição cultural de nossa sociedade. Costumo dizer que, para uma mulher na política, falta uma mulher para a família, porque os homens ainda não assumiram, como deveriam, sua responsabilidade equitativa com os cuidados familiares.

Os ambientes por onde circulo, essencialmente masculinos, exigem firmeza e muito esforço para se posicionar. Exigem de nós mais preparo que qualquer homem, sempre aceito por sua condição. Se a mulher for enérgica, firme, corre o risco de ser considerada "desequilibrada" ou "histérica". Se for passiva, será mais facilmente aceita, mas sua opinião não terá relevância, a menos que seja encampada por algum homem, e aí a ideia passa a ser dele. As agressões sempre existem, claras ou veladas; de ofensas ou desconstrução. Imagino que seja difícil para os homens, que sempre dominaram o espaço público, terem de conviver e disputar espaço com as mulheres. Chega a ser um acinte do ponto de vista histórico. Os lugares, na hierarquia cultural, foram conduzidos por eles assim por séculos.

A política é um ambiente de disputa e costuras. As disputas são mais claras, mas as costuras se dão em um ambiente mais privado, quase sempre fora da cena pública, em encontros informais, comensais e até mundanos. As mulheres têm dificuldade de se adaptar a essas agendas. Não só por princípios, mas também por tempo e opção. Sempre querem balancear a vida pública com os cuidados da vida: filhos, família, relações afetivas. Aquilo que é também essencial para alcançar a felicidade e a plenitude de viver, e que, culturalmente, sempre foi repelido na disputa de protagonismo e poder. Na maioria das vezes, somos vistas como fracas, ingênuas e despreparadas para o jogo político. A guerra, assim como a política, que é a guerra sem armas, não é franqueada às figuras femininas. Por isso, as que participam, mesmo por suas causas e intenções, são vistas como ponto fora da curva, indesejáveis, fora da normalidade, quase exceções, além de sempre serem tratadas como um estorvo ou um risco a mais na disputa por espaços e posições de poder.

É isso que eu vejo nas dificuldades e dados que expressam a baixa participação das mulheres na política. Um dado histórico e cultural da nossa posição na sociedade: de propriedade privada do pai à propriedade privada do marido, até tempos bem recentes. Em 2021, temos apenas uma governadora no país. E a primeira mulher a ocupar a Presidência da República foi vítima de um dos maiores golpes institucionais da nossa história, marcado por misoginia.

É claro que esse cenário vem se modificando ao longo do tempo, mas de maneira muito lenta e à custa de muitas adversidades. O feminismo, importante para essa mudança, sempre foi um movimento para a liberdade e ascensão das mulheres, não como uma luta contra os homens, mas como um movimento contra o patriarcado, que oprime e rejeita tudo o que é contra as construções culturais históricas que convencionam preconceitos: violência de gênero, raça e classe social. Estou mais do que convencida de que a participação das mulheres na política é essencial para consolidar a democracia, não só pelo direito que temos, mas também pela responsabilidade de fazer que mais da metade da população participe das decisões que vão dar rumo e decidir a vida do povo no país. Nunca haverá justiça e democracia plenas na sociedade se metade dela estiver fora dos processos de decisão.

Assim, entendo que nossa luta não é opressiva nem tirânica do ponto de vista sexual, como pensa grande parte dos homens. É humana e igualitária. Gosto muito de um princípio Baha'i, filosofia-religião persa, que enfatiza como importante para o progresso material e espiritual da humanidade a igualdade de direitos e oportunidades para homens e mulheres: "A humanidade assemelha-se a uma ave com duas asas - uma é o homem, a outra é a mulher. A ave, a menos que ambas as asas sejam fortes e impelidas por uma força comum, não pode voar rumo ao céu".

A presença das mulheres na política fortalece os direitos e consolida a democracia

Por Iracema Portella[60]

Nas últimas décadas, as mulheres brasileiras obtiveram conquistas significativas em várias áreas. Elas ocupam postos de destaque nas universidades, nas empresas, no setor público, no comércio, na indústria, na agricultura e também na política, aumentando a sua participação nesse universo ainda dominado pelos homens. Apesar dos progressos obtidos, as transformações na vida das mulheres ainda são lentas. As mulheres continuam ganhando menos do que os homens; são maioria nos subempregos e no mercado informal; são minoria nos cargos de chefia e comando tanto no setor público quanto no privado; acumulam funções domésticas e familiares que, muitas vezes, comprometem o seu desempenho profissional e experimentam múltiplas formas de violência, preconceito e discriminação. Precisamos, portanto, de avanços mais consistentes. A batalha pelo empoderamento feminino em todas as dimensões é um dos principais desafios da atualidade. Empoderar as mulheres é fundamental

[60] Deputada federal pelo PP, eleita pelo Piauí. No partido, preside o Movimento Mulheres Progressistas; foi procuradora da mulher na Câmara dos Deputados no biênio 2019-2020.

para alcançarmos prosperidade, justiça social, sustentabilidade, paz e desenvolvimento.

A consolidação da democracia passa, necessariamente, por uma maior participação feminina na política. Estudos mostram que, com mais mulheres na vida pública, mais estratégias que promovem a inclusão social são criadas.

Segundo pesquisa da Harvard Kennedy School, com a liderança feminina na política, as mulheres tornam-se mais engajadas nas discussões sobre questões ligadas ao exercício da cidadania. Além disso, as minorias encorajam-se a denunciar os crimes cometidos contra elas. Outro efeito da participação feminina na política é o aumento do nível educacional das adolescentes, bem como as suas aspirações de carreira. Ou seja, constrói-se um campo fértil para a igualdade de gênero. Precisamos unir esforços para aumentar a presença feminina na vida pública. Essa caminhada deve começar nos partidos, com uma série de ações para valorizar as lideranças femininas, dando às mulheres oportunidades para que atuem nos espaços decisórios dessas instâncias, além de oferecer a elas chances concretas de financiamento de suas campanhas.

O meu partido, o Progressistas, é uma legenda que realmente valoriza a força feminina. Temos uma atuação firme no sentido de promover uma maior inserção das mulheres nas estruturas partidárias. Em parceria com a Fundação Milton Campos, o Movimento Mulheres Progressistas vem desenvolvendo um trabalho amplo e sério de capacitação das lideranças femininas em todo o Brasil. Em 2019, criamos o Programa Caravana Fortalecendo o Futuro, uma mobilização nacional cujo objetivo é atrair lideranças femininas de diversos segmentos da sociedade para ingressar na política. Estamos debatendo com mulheres de todo o país o tema do protagonismo feminino na política, nas relações de trabalho e no cotidiano. Queremos que as vozes femininas sejam ouvidas e respeitadas dentro da estrutura partidária.

No Parlamento brasileiro, a bancada feminina tem uma longa trajetória de defesa das questões de interesse das mulheres. Um trabalho que resultou em conquistas importantes para as mulheres. No processo de elaboração da Constituição brasileira de 1988, que foi um momento singular da redemocratização do país, as parlamentares tiveram uma participação crucial. Em sintonia com os movimentos sociais, as 26 deputadas federais conseguiram vários avanços no que se refere ao reconhecimento do papel das mulheres no país e na garantia de seus direitos.

De lá para cá, outras conquistas foram obtidas. Nós, da bancada feminina, trabalhamos cotidianamente para discutir e aprovar matérias capazes de melhorar as condições de vida das mulheres brasileiras nos variados campos. A nossa batalha é permanente e engloba o debate sobre projetos de combate à violência, ações para melhorar os serviços de proteção às vítimas, matérias sobre oportunidades igualitárias para mulheres e homens no mercado de trabalho, propostas para que mais mulheres possam ocupar cargos de comando tanto no setor público quanto na iniciativa privada, inserção das mulheres na política, entre outros assuntos. Lutamos também contra a cultura do machismo e da violência, que afeta o bem-estar das mulheres em todas as áreas.

Na Câmara dos Deputados, contamos com a Procuradoria da Mulher. Criada em 2009, a Procuradoria é um órgão que tem, entre seus objetivos, fiscalizar e acompanhar programas do governo federal, receber denúncias de discriminação e violência contra a mulher e cooperar com organismos nacionais e internacionais na promoção dos direitos femininos. Nos dois últimos anos (2019 e 2020), ocupei o cargo de procuradora da mulher, e tive ao meu lado deputadas que não pouparam esforços na defesa dos direitos femininos. Uma de nossas metas foi ampliar a rede de proteção das mulheres em todo o país e promover um espaço de debates para a construção de políticas igualitárias. Trabalhamos para incentivar a criação de Procuradorias da Mulher nas Assembleias Legislativas e nas Câmaras Municipais. Essa atuação próxima nos estados e municípios auxilia na tarefa de fiscalizar as iniciativas direcionadas às mulheres, fazendo as intervenções necessárias para aprimorar essas ações.

Além do trabalho de fortalecimento da rede de proteção às vítimas de violência e do combate a esses crimes, a criação das Procuradorias da Mulher nos estados e municípios é uma ferramenta importante na batalha pela ampliação da participação feminina na política. A sociedade ganha muito com o aumento da presença feminina nos espaços de poder e decisão. As mulheres têm um jeito especial de exercer a política. Acredito que elas, de modo geral, sejam mais flexíveis, dando conta de conciliar diversas tarefas. Fazem isso na vida privada e levam essa qualidade para a política, o que é interessante. Vejo que muitas mulheres são conciliadoras natas, têm uma enorme capacidade de ouvir, de estabelecer um diálogo aberto com seus interlocutores. Essas habilidades são bem-vindas no dia a dia da vida pública. Em minha opinião, o que mais precisamos hoje na política é equilíbrio, ponderação e diálogo, superando os radicalismos.

Venho de uma família de políticos. Sinto orgulho do trabalho que meu pai, Lucídio Portella, e minha mãe, Myriam Portella, fizeram pelo Piauí. Meu pai foi governador do Piauí e senador, e minha mãe foi deputada constituinte. Desde pequena, gostava de acompanhar a movimentação política e aprendi observando a atuação deles. Entrei para a política porque sentia a necessidade de dar uma contribuição maior para o meu estado. Acredito que essa é uma missão de vida, que abracei com determinação e coragem.

É claro que existem percalços no caminho e que também, pelo fato de ser mulher, já sofri discriminação e preconceito. Nada, entretanto, que tenha me tirado o entusiasmo e o foco para continuar lutando por melhores condições de vida para os piauienses. Nosso desafio na busca pela ampliação da participação feminina na política é enorme. Precisamos melhorar as políticas de cotas, as regras dentro dos próprios partidos, sensibilizar as legendas para que invistam nas lideranças femininas e levar para um maior número de pessoas a nossa pauta, a nossa mensagem, as nossas ideias para transformar o país.

As mulheres que querem entrar na política, não raro, enfrentam humilhação, agressão, discriminação e preconceito, além de dificuldades para conseguir apoio dentro dos partidos. Assim, muitas acabam desistindo, o que é extremamente nocivo para a democracia. É essencial apoiá-las nessa jornada. Isso faz parte da luta pelos direitos femininos e pela igualdade de gênero no nosso país. Com certeza, todos saem ganhando com uma participação igualitária de mulheres e homens nos espaços de poder e decisão. Sonhamos com uma sociedade mais justa e pacífica, na qual mulheres e homens tenham chances iguais para desenvolver suas potencialidades. E assim, em harmonia, possam dar sua contribuição para o crescimento do país.

Coragem para ser quem quiser

Por Joice Hasselmann[61]

Meu nome é Joice, nascida Joice Cristina Bejuska, e hoje Joice Hasselmann, deputada federal eleita em 2018 com mais de 1 milhão de votos em São Paulo, e com essa votação tive a honra e a surpresa de tornar-me a mulher mais votada da história da Câmara dos Deputados. Uma vitória com o peso da responsabilidade de representar tanta gente. Sou jornalista de formação e reconhecida, até pelos meus inimigos, como uma mulher muito forte. Frases adjetivadas, como "a Joice é um trator, "é boa de briga", "é doida, não tem medo de nada", já fazem parte do meu dia a dia há muito tempo. E, acredite, elas são usadas tanto para elogiar quanto para criticar. O que muda é a entonação e o contexto.

Para entender como suportei críticas e ameaças desde minha eleição é preciso voltar um pouco na história. Certa vez tive de lembrar ao presidente Jair Bolsonaro que não sou "mulher de malandro", que não aceito agressões. Peço desculpas pelo linguajar, mas era o único que podia usar, naquela circunstância, em minha defesa para fazer-me entender, quando nas tentativas dele de me assediar moralmente, por meio de seu machismo nato. Eu me equivoquei ao apoiá-lo.

---

[61] Deputada federal pelo PSL, eleita por São Paulo.

Nasci em 1978 e tenho o mesmo ímpeto e alma daquela menina de 8 anos que pulava na frente do pai agressivo e alcoolizado quando, aos gritos, ele ameaçava minha mãe. A minha infância não foi nada fácil. Não vim de família rica, muito menos de família política. Meu pai, hoje, é caminhoneiro. Minha mãe, confeiteira. Quando se casaram, eram dois jovens sem profissão, sem dinheiro, sem juízo, sem ninguém. Meu pai nos arrastou para o Acre, Mato Grosso do Sul, Mato Grosso, Roraima, Rondônia, entre muitas idas e vindas ao Paraná. Era uma vida quase que cigana, em busca de sobrevivência. Foram, seguramente, mais de dez mudanças, sempre em escolas diferentes, sem amigos, pois não havia tempo de firmar laços, sem perspectivas.

Às vezes a situação melhorava um pouco, em outras piorava muito. Em uma dessas viagens, meu pai nos deixou em Ponta Grossa. Disse que arrumaria emprego no Norte e logo mandaria algo para casa. Minha mãe, sem profissão, sem dinheiro, com duas crianças pequenas, eu com 6 e minha irmã com 3 anos, vendeu o pouco que tinha para comprar comida. Parte do alimento vinha do que era plantado no quintal, mas com o passar dos dias tudo acabou. Foi a primeira vez que passei fome na plena expressão da palavra. Não havia nada. Não tínhamos o que comer. Já havíamos passado dificuldades, mas naquele momento vi minha mãe entrar em desespero ao me ver chorar de fome. Foi a primeira e única vez que vi dona Teresinha pedir algo a alguém. Ela engoliu o orgulho e conseguiu um pequeno empréstimo com uma cunhada. Lembro-me da felicidade de estarmos no mercado da cidade podendo escolher qualquer coisa, depois de dias de muita privação. O empréstimo, suficiente para 1 mês de mantimentos, foi pago um tempo depois. Minha mãe nunca deixou dívidas para trás.

As dificuldades financeiras extremas sempre marcam a vida de quem as viveu. Porém, não foram as privações que mais me marcaram, mas o relacionamento abusivo do meu pai com minha mãe. Eram os xingamentos, os gritos, as ameaças, o choro, as crises nervosas, a dor. Ela tinha medo. As ameaças são tão poderosas quanto uma arma. Elas paralisam. E quanto mais medo ela tinha, mais eu aprendia a controlar o meu, e mais meu ímpeto de defesa crescia. Comecei a ir para a linha de frente para defendê-la. Paguei o preço algumas vezes, mas, com o tempo, mãe e filhas juntas conseguiam defender umas às outras, pelo menos em alguns casos. Foi assim até a separação dos dois, quando eu já estava adulta.

No meio desse caos comecei a trabalhar muito cedo. Comecei a fazer pequenos desfiles em troca das roupas, vender quinquilharias e doces, estudar mais que meus colegas de escola e cobrar alguns trocados para ensinar os assuntos mais difíceis perto das provas. Aos 13 anos, estudava e tinha dois empregos. Nunca mais parei de trabalhar. Já fui secretária, vendedora de roupa, de consórcio, de passagem aérea, recepcionista, professora. Sempre estudei em escolas e faculdade públicas. Sou a única da minha família a ter curso superior. Reescrevi minha história quando muitos, até dentro de casa, diziam que eu não seria nada.

Então, eu me formei jornalista, uma carreira que despontou rapidamente. No começo, trabalhava o dobro dos formados e ganhava metade do salário deles, mas a dedicação e vontade de fazer mais e melhor me abriram portas. Ainda acadêmica, assumi a direção e ancoragem da CBN PG, afiliada do grupo Globo de comunicação. Um case único. Depois de formada, passei pela BandNews FM, SBT, Record, *Veja*, Jovem Pan SP.

Logo no começo da minha carreira de jornalista fui atraída feito um ímã para o jornalismo político e investigativo. Investigava corruptos, esquemas de desvio de dinheiro público e os denunciava nos veículos nos quais os microfones eu comandava. Virei o terror dos maus políticos. A chamada "dama das sapatadas" (em alusão ao nome de um quadro político que criei). Gente de "alto coturno" foi investigada, denunciada e presa com minhas denúncias: deputados, governadores, parentes de políticos. Eu respirava política, então decidi ir além das telas e microfones. Fui para a rua, juntei-me aos movimentos democráticos em todo o país e rodei o Brasil nas ações pelo fim da corrupção e pela mudança que tanto sonhávamos.

Lá estava eu. A moça que não tinha medo de enfrentar nada nem ninguém, que achava que já tinha visto todos os horrores possíveis do ser humano criminoso, que sempre teve esperança, filiou-se em 2018, no último dia do prazo legal – e ainda com muitas dúvidas –, ao PSL. Confesso que nem nos meus piores pesadelos imaginei que a missão de fazer a boa política fosse tão árdua para quem realmente quer realizá-la com decência, sem se dobrar aos vícios que já estão por aí dominando o terreno há muitas décadas. Produzir mudanças sem entrar no jogo malandro, manter a espinha ereta e o coração tranquilo exigem muita força. O que existe dentro da atual política brasileira é muito mais violento e perigoso do que tudo que já enfrentei até então. Se essa couraça que tenho é suficiente para vencer as novas batalhas eu ainda não sei, mas ela me manteve viva e na luta por tudo aquilo que eu acredito.

Logo depois de eleita, assumi um novo desafio: a liderança do governo Bolsonaro no Congresso Nacional. Fui a primeira deputada, a primeira mulher em primeiro mandato, a assumir esse posto. Lá estava eu, "marinheira de primeira viagem", liderando um governo esquizofrênico nas pautas em que Senado e Câmara se reuniam. Meu desafio era promover a ponte entre 513 deputados, 81 senadores e o governo com todos os ministros e um presidente ensandecido. Mas meu foco estava definido: articular a aprovação da Reforma da Previdência e garantir a aprovação de projetos de crédito para o governo, especialmente o de R$ 243 bilhões, que garantiriam o Bolsa Família. Foram tempos difíceis. Abri o diálogo com todos e passei a exercer diariamente a arte de engolir sapos. Eu já não podia ser a jornalista "sem papas na língua", que falava o queria, porque tinha o dever de tentar baixar a temperatura sempre elevada entre Congresso e governo. Usei toda a minha energia nesse propósito e criei o gabinete de inteligência da Nova Previdência. Levei para dentro do meu gabinete, no Congresso, um time do Ministério da Economia, montamos uma assessoria técnica e de comunicação, para que os deputados de todas as regiões entrassem na onda da narrativa da reforma, tão necessária. E mais uma vez comecei a rodar o Brasil na Caravana da Independência da Nova Previdência, agora como líder do governo e presidente do grupo liberal Brasil 200. De segunda a sexta, dedicação total em Brasília; finais de semana fazendo eventos, reunindo empresários e criando a onda da Nova Previdência. Deu certo. O povo saiu às ruas pedindo a reforma.

Mas com uma guerra aberta entre mim e os filhos do presidente, meu trabalho se tornou insustentável. Três meses depois da aprovação da Reforma da Previdência veio o rompimento explícito com o clã Bolsonaro, e fui retirada da liderança do governo com requintes de crueldade. Começava a maior campanha de difamação já vista nas redes sociais: uma sequência de *fake news*, *hashtags* ofensivas, ameaças de morte, estupro, decapitação, montagens pornográficas e tudo espalhando-se como um rastilho de pólvora. A velocidade era algo impressionante e sem precedentes. O clã só se esqueceu de uma coisa: antes de ser deputada eu era – e sou – jornalista investigativa. Em pouco mais de um mês cheguei ao "gabinete do ódio". Muitas vezes ouvi reclamações de ministros aliados que de repente viraram alvo de críticas que "pipocavam do além" na internet e eram repetidas à exaustão até criar o clima de fritura dentro do governo, que gerava a demissão de ministros ou que os transformavam em vassalos acovardados.

Durante a investigação, descobri que os milicianos digitais agiam como uma verdadeira organização criminosa, com células em todo o Brasil. Notícias falsas misturadas com algum ponto de verdade, testemunhas forjadas, ordem de ataques, alvos do dia, repetição massiva, uso de robôs. Todas as provas foram levadas à CPMI das *Fake News*. Durante meu depoimento, que durou mais de nove horas, entrei em um dos grupos no momento em que eles planejavam o ataque contra mim. Meu nome, com xingamentos, percorreu todos os países de língua portuguesa e outros da América Latina e Estados Unidos. Todos na CPMI viram acontecer. Era óbvio que o bando articularia um ataque contra mim exatamente na hora do meu depoimento. As provas eram cabais. A CPMI tinha material na mão para fazer seu trabalho. A única pergunta não respondida, e que insisti para as autoridades buscarem a resposta foi: de onde vem o dinheiro para pagar a contratação de milhares de robôs? Era preciso seguir o rastro do dinheiro para chegar ao financiamento privado. O financiamento público para os crimes, afinal, já estava comprovado. A gangue desmascarada intensificou o massacre das redes. Um estupro moral diário que perdura até hoje como tentativa de me calar.

A máquina de destruição de reputações funcionava como nunca e, no meu caso, em dose dupla: tanto como política quanto como mulher. Queriam a minha extinção, como mulher, do cenário político brasileiro. Odeiam o fato de uma mulher independente ter conquistado tantos votos para deputada federal. Odeiam o fato de uma mulher não se dobrar a eles, como tantos capachos fazem para manter um espaço de poder, entregando suas dignidades. A perseguição, desde então, segue colossal. A condição feminina vira uma escada para suas ofensas machistas. A mulher é sempre ofendida duas vezes. As *fake news* são peças de guerra para o extermínio. Ao fim, querem repetir e fazer como o velho "esquadrão da morte": pôr uma placa sobre a carcaça da assassinada de que "foi justo e merecido". Sicários digitais.

A academia e a inteligência brasileiras deveriam construir uma compreensão mais sólida sobre esse destruidor fato político que vai muito além das notícias diárias. Os ataques contra as mulheres vêm banhados na cicuta do machismo e sempre com a tecla da dupla infâmia. Isso precisa mudar. Esse assunto é muito mais importante que uma ideologia mais ou menos à esquerda ou à direita. Aos poucos estamos avançando. Na Câmara, tenho magníficas colegas parlamentares (independentemente de seus partidos) que atuam em solidariedade real. Estamos exercitando uma forma belíssima de proteção da participação feminina. Mais do que isso, da pessoa da mulher. O fato é que os tempos são de "teorias da conspiração". Tudo isso é industrializado para exercer peçonhenta influência nas eleições, para a destruição e torpedeamento da vida democrática e implacável perseguição diária de pessoas. Há uma nova filosofia do absurdo, da violência política e da promoção do caos ético e moral no cenário político brasileiro. Em vários momentos me vem à cabeça a brilhante Hannah Arendt: "Vivemos tempos sombrios, onde as piores pessoas perderam o medo e as melhores perderam a esperança".

Mas, para a tristeza dos sicários da reputação alheia, eu e outras mulheres guerreiras estamos aqui. Nós não desistimos da política e muitas de nós decidimos trabalhar em conjunto. A mais forte empresta força à outra. A mais doce empresta doçura. A mais serena, serenidade. A mais perspicaz, perspicácia. E assim, juntas, mesmo que em número muito menor, fazemos diferença na política brasileira.

Creio que muito mais mulheres deveriam participar da vida política institucional. É totalmente inadmissível a nossa baixíssima representação política. Não bastam as mudanças meramente legais de participação feminina, precisamos de formação política de largo estofo para as mulheres. Neste sentido, estou criando o Instituto Brasileiro de Defesa da Democracia, o IBDD, que será uma instituição para a formação política, educacional e social (um *think tank*) vinculada ao meu trabalho público de deputada federal e destinada a todos os cidadãos brasileiros.

Creio que a coragem é o que inspira a minha alma. Não esmoreço. Em um ponto sempre me revisito, e tenho enorme conforto com uma manifestação de Aristóteles. O filósofo disse: "A coragem é a primeira das qualidades humanas, porque garante todas as outras". Estou e estarei na luta.

A exclusão da mulher na sociedade é reflexo da exclusão da mulher na política

Por Juliana Brizola[62]

Nasci na cidade de Porto Alegre, em 1975. Aos 3 anos, em função do exílio imposto pela ditadura militar ao meu avô, Leonel Brizola, deixei nossa cidade e passei a morar no Uruguai. Somente em 1979, com a reabertura democrática e a volta de meu avô, retornei ao Brasil. Cresci com a política muito presente em meu dia a dia, despertando em mim, desde cedo, a vontade de trabalhar para mudar a sociedade, que já percebia ser injusta para a maioria do povo brasileiro. Sempre me espelhei na ambição de meu avô, que lutava para fazer do mundo um lugar melhor para se viver.

Desde pequena, ao contrário do que muitos pensam, nunca fui instigada de forma direta, por Brizola, a entrar para a política. Formada em Direito e mestre em Ciências Criminais, minha ideia era seguir outro rumo, mas não vou negar, a política estava no sangue. Aprendi com o exemplo de meu avô, desde muito jovem, a nunca fugir à luta. Foi então que, em 2007, defendendo a participação da juventude e dos militantes nos espaços de gestão, nas instâncias partidárias e políticas, fui eleita presidente da Juventude do PDT/RS, partido ao qual sou filiada desde

[62] Deputada estadual e líder da bancada do PDT na Assembleia Legislativa do Rio Grande do Sul.

os 18 anos. Por minha atuação, fui nomeada secretária da Juventude da Prefeitura de Porto Alegre.

Fui adiante e, pautada por toda essa herança política, senti a necessidade de levar para a frente nossas bandeiras. Em 2008, fui vereadora de Porto Alegre, alcançando a maior votação do PDT na capital. Confesso que, até esse momento, eu ainda não havia sentido na pele o tamanho da exclusão da mulher na política e nos espaços de poder. À época, éramos pouquíssimas mulheres com mandato na Câmara de Vereadores de Porto Alegre. A pauta da igualdade de gênero ainda era tímida e não fazia tanto barulho como nos dias de hoje. Mas o preconceito e o machismo sempre se fizeram presentes. Aquele machismo velado que sugere, sempre, que não deveríamos estar onde estamos.

Ainda, quando no mandato de vereadora, em 2009, fui presenteada com o nascimento do meu primeiro filho, o José Inácio. Foi um ano de muito aprendizado, que me mostrou como é ser mãe e trabalhadora, conciliando a vida pública com a maternidade, o que fez minhas convicções se fortalecerem ainda mais, sobretudo na luta pelos direitos das mulheres e por melhorias na educação de nossas crianças.

Desde então, quando olho para trás, percebo que minha jornada como mulher e mãe influenciou diretamente a minha vida pública. A maioria dos projetos que apresentei e as pautas pelas quais lutei, de forma direta ou indireta, sempre acabaram por impactar de maneira positiva a vida das mulheres gaúchas. Costumo dizer que as políticas públicas que servem para beneficiar as mulheres são sempre bem-vindas, sejam elas oriundas de homens, sejam oriundas de nós mesmas. Porém, não podemos negar que nós, mulheres, sabemos exatamente onde aperta o sapato. Não tenho dúvida de que, quando legislamos em prol de nós mesmas, os benefícios são imensuráveis. E é por isso que a nossa participação na política é tão importante. Quanto mais mulheres com mandato, sem dúvida, mais políticas públicas nesse sentido serão implementadas.

Em 2011 fui eleita deputada estadual, a mais votada pelo PDT, com o compromisso de lutar pela implementação de um projeto de educação pública de qualidade. Por lutar em defesa da educação, já no início do mandato assumi a presidência da Comissão de Educação da Assembleia Legislativa, quando realizamos seminários, debates e audiências públicas na capital e no interior, sobre o processo educacional do Estado.

No primeiro ano de Parlamento, articulei e aprovei a Emenda Constitucional nº 62/2011, que obriga a implantação progressiva da Escola de Tempo Integral no Rio Grande do Sul. Uma política que afeta, diretamente, o dia a dia da mãe trabalhadora e das nossas crianças. Em 2013, assumi a liderança do partido na Assembleia Legislativa e aprovei a criação da Comissão Especial em Defesa da Escola de Tempo Integral, a fim de dar continuidade e implantar, definitivamente, o projeto educacional de meu avô. Dos debates, seminários e audiências públicas realizados, desenvolvi, em conjunto com a comunidade escolar, a Lei nº 14.461/2014, que tem o objetivo de assegurar 50% da rede pública de ensino funcionando em tempo integral. O objetivo era garantir sete horas de aprendizado e quatro refeições diárias, bem como reforço escolar, atividades culturais, esportivas e tecnológicas. Entretanto, os governos atuais, de forma vergonhosa, descumprem essa lei que se faz de extrema importância para nossas crianças e para as mães trabalhadoras do Rio Grande do Sul.

Em 2014, retornei à Assembleia Legislativa para meu segundo mandato, momento em que nasceu minha filha Angelina. Nesse período, apresentei Projeto de Lei que obriga empresas privadas e órgãos públicos a oferecer salas de apoio à amamentação para as funcionárias (PLs 173/2015 e 174/2015). Defendendo a importância da amamentação na vida dos bebês e das mães, as salas de apoio à amamentação servem para que as mulheres que possuem jornada dupla (maternidade e trabalho) possam armazenar adequadamente o leite retirado da mama, em horário de expediente, para alimentar seu bebê ao retornar do trabalho. Em razão de muitos não compreenderem a importância dos projetos, mesmo com todas as evidências científicas, eles estão tramitando na Assembleia Legislativa desde 2015, além de terem sofrido diversas alterações no sentido de minimizá-los.

Recentemente, em 2020, coloquei meu nome à disposição e concorri à prefeitura de Porto Alegre. Na ocasião, apresentei inúmeros projetos e propostas a fim de trazer melhorias para a capital. Entre eles, um ganhou muito destaque nos programas de TV e nos debates: a oferta das creches noturnas. O objetivo do programa era auxiliar as mães que estudam ou trabalham à noite e precisam de creches noturnas para deixar seus filhos em segurança. Esse é um problema que os governos anteriores sequer tentaram resolver. Defendi, durante toda a campanha, que já havia passado da hora de a prefeitura olhar para essas mães e oferecer uma solução.

Tudo isso nos mostra que, na verdade, o Dia da Mulher não deve ser apenas marcado por celebrações, mas também pela importância de sempre lembrarmos de que é um dia político e que a cultura machista está impregnada em nossa sociedade, mostrando sua face em situações como essa, nas quais políticas públicas que beneficiem as mulheres nunca são prioridade. E é essa mesma cultura que nos faz minoria nos Parlamentos e nas Câmaras de Vereadores Brasil afora. A cultura machista mata mulheres todos os dias, nos assedia moral e fisicamente, nos violenta, nos deprecia, nos corrói, nos responsabiliza pela violência ou assédio que sofremos. Somos subestimadas todos os dias com olhares, julgamentos, interrupções, leis, códigos penais e imposições.

Da Nova Zelândia, Alemanha, Taiwan ou Noruega, 2020 mostrou que países liderados por mulheres se destacaram no combate à covid-19. Porém, embora sejamos maioria na linha de frente de combate à pandemia e tenhamos nos destacado mundo afora, ainda assim somos excluídas dos espaços de poder.

Uma pesquisa realizada em 2021 pelo grupo Women Deliver, com 17 países, mostrou que as mulheres estão presentes em apenas 20% do comitê de emergência da OMS e em um quarto da tomada de decisão dos governos centrais. No Brasil, as mulheres representam 70% da linha de frente de combate à covid-19. Mas, ainda assim, em 2020, uma mulher foi assassinada pelo companheiro ou ex-companheiro a cada nove horas. Foram mais de 100 mil denúncias de violência contra a mulher apenas naquele ano (sem contar as subnotificações). Segundo a ONU, 47 milhões de mulheres estarão na pobreza extrema em 2021 porque somos maioria nos setores da economia mais afetados pela pandemia, como o trabalho doméstico e o de hospitalidade. Em 2021, mais de 40% dos lares brasileiros são chefiados por mulheres que, com o isolamento e escolas fechadas, precisaram ficar em casa com os filhos e não puderam trabalhar. Pergunto: onde estão as políticas públicas para essas mulheres quando elas mais precisam? Sem dúvida, esse descaso não seria real se fôssemos maioria nas Casas Legislativas e no Executivo.

Acredito que, em tempos de governos que não trabalham para implementar políticas benéficas para a mãe trabalhadora, que sofre na pele a ausência de um Estado indutor, debater a igualdade de gênero é cada vez mais importante. Em tempos de sucateamento da educação, de crise na saúde e na economia, trazer à tona a conscientização sobre o papel da mulher na sociedade é imprescindível. Mas o tempo de silêncio já se foi. Tenho muito orgulho em saber que foi em 1932, no governo trabalhista de Getúlio Vargas, que o voto das brasileiras foi legitimado e considerado um direito garantido. A partir daí, tivemos muitas vitórias.

Conquistamos muito, mas precisamos ir além. A exclusão da mulher na sociedade é reflexo da exclusão da mulher na política. Somente quando ocuparmos, de forma justa, os espaços de poder, é que estaremos no caminho certo. Que possamos, juntas, todos os dias, derrubar os obstáculos de uma sociedade que nos impede de sermos quem somos e de realizar nossos sonhos.

À mulher, o espaço que quiser

Por Leila Barros[63]

A data de 5 de abril de 1928 entrou para a história do Brasil. Naquele dia, em Mossoró, no Rio Grande do Norte, uma professora de 38 anos, amante da leitura e das artes em geral, foi a primeira mulher brasileira a conseguir o direito de votar, época em que apenas os homens gozavam dessa possibilidade. Em outro episódio, Celina Guimarães Viana e outras 20 mulheres inscreveram-se para participar de uma eleição suplementar para o Senado como eleitoras. No único registro fotográfico do momento histórico, a potiguar e suas amigas aparecem cercadas por homens, aparentando felicidade ao depositarem seus votos na urna. Lamentavelmente, meses depois, o Senado, por não aceitar o voto feminino, invalidou a eleição, mas não conseguiu impedir que a história tivesse o seu rumo. Tanto é que, em setembro daquele mesmo ano, também no Rio Grande do Norte, uma jovem viúva de 31 anos, Luiza Alzira Teixeira Soriano, que cuidava da administração da fazenda da família, tornou-se a primeira mulher a ser eleita prefeita de um município da América Latina. Ela concorreu e venceu a disputa no município de Lajes, amparada pela Lei Eleitoral estadual de 1926, que facultava a cidadãos de ambos os sexos o direito de

[63] Senadora do PSB eleita pelo Distrito Federal, está no Cidadania e é procuradora especial da mulher no Senado (2021-2023).

votar e serem votados. Foi o mesmo dispositivo legal utilizado por Celina Guimarães para tornar-se a primeira eleitora brasileira.

Ao se tornarem pioneiras, Alzira e Celina abusaram da coragem para enfrentar os preconceitos de uma sociedade patriarcal e machista. Até então, em pleno século XX, as conquistas da pauta feminina eram irrisórias; muitas mulheres continuavam sem o direito de frequentar escolas e eram impedidas de trabalhar fora de casa; eram educadas para servir ao marido e os espaços públicos eram exclusivamente masculinos. Somente depois de muito suor e lágrimas, hoje podemos constatar que uma centelha de igualdade passou a existir nas relações entre homens e mulheres. Mas muito ainda há de ser conquistado. Precisamos avançar muito mais.

É emblemático que, somente com a minha eleição ao Senado Federal, em outubro de 2018, o Distrito Federal tivesse a primeira mulher eleita para representar a capital do país na chamada Câmara Alta do Legislativo brasileiro. Se em uma cidade progressista e cosmopolita como a nossa ainda existe esse fosso, beneficiando os homens em detrimento das mulheres na vida pública, imagine nos rincões mais distantes do Brasil. Infelizmente essa desigualdade ainda ocorre.

Não sou, nem nunca fui, exceção à regra de que uma mulher precisa se esforçar muito mais do que um homem para alcançar os seus objetivos. Nasci em uma família humilde; meu pai, Francisco, era mecânico e estudou até a terceira série. Minha mãe, Francisca, era dona de casa. Como era comum naquela época, ela não teve oportunidade para se qualificar, conseguir uma ocupação profissional e se tornar independente. Meus pais vieram do Ceará e instalaram-se em Taguatinga, onde eu e meu irmão, Marcelo, nascemos. Estudei em escolas públicas do governo do Distrito Federal, nas quais, nas aulas de Educação Física, recebi o incentivo necessário para jogar vôlei. Eu não sabia que o esporte seria a senha para eu realizar os meus sonhos.

Agarrei aquela oportunidade com unhas e dentes, ou melhor, executando saques, bloqueios, manchetes e cortadas! Durante uma competição escolar, minha atuação mereceu a atenção de um colégio particular instalado no Plano Piloto. Consegui uma bolsa de estudos integral e dei mais um passo na direção do meu futuro. Como a distância entre a casa dos meus pais e a nova escola necessitava de duas horas de ônibus para ser percorrida, aceitei morar em um quartinho nos fundos do colégio, onde permaneci por três anos e meio, até que, aos 17 anos, fui aprovada em uma seletiva no Minas Tênis Clube, em Belo Horizonte. Mais de 2 mil atletas de todo o país participaram daquele processo. Ingressar em um dos maiores clubes do Brasil ampliou meus horizontes. Passei a me dedicar e a me esforçar ao máximo e fui premiada com o convite para integrar a Seleção Brasileira de Voleibol. De 1990 até 2000 eu tive a honra e o orgulho de defender o nosso país em diversas competições. Foram muitas medalhas, mas eu destacaria o bronze na Olimpíada de Atlanta, em 1996.

Naquela ocasião, comemoravam-se 100 anos desde a primeira edição dos Jogos Olímpicos da era moderna. Demorou esse tempo todo para uma delegação feminina retornar ao Brasil com medalhas, demonstrando que também no esporte brasileiro é grande a diferença de tratamento dispensado a homens e mulheres, a começar pelos salários e premiações. Independentemente disso, nós, do voleibol de quadra, conquistamos a medalha de bronze, enquanto o vôlei de praia levou uma de ouro e outra de prata – com as duplas Jacqueline Silva e Sandra Pires, e Adriana Samuel e Mônica Rodrigues – e o basquete de Paula, Hortência e companhia ficou com a prata. Eu ainda conquistaria, com a Seleção Brasileira de Voleibol Feminino, outra medalha de bronze, em Sidney, em 2000. Encerrei minha missão de defender o Brasil nos campeonatos femininos de voleibol pelo mundo com a sensação de dever cumprido, com anos de dedicação, superação dos próprios limites e sofrimento. No esporte de alto nível, a pressão é enorme, temos de suportar dores físicas e psicológicas, além de abdicar de muitos prazeres da vida. Aprendemos a derrotar as nossas adversárias, mas também a vencer os nossos medos e inseguranças, treinando até a exaustão, como se fosse possível alcançar a perfeição.

Quando deixei a carreira de atleta profissional no vôlei de quadra, encarei o desafio de competir no vôlei de praia. Foram cinco anos na modalidade. Aliás, foi nesse ambiente que conheci o Emanuel. Casamos logo após eu encerrar minha vida como esportista. Formar uma família com ele, nosso filho Lukas e o Mateus – enteado a quem dedico também o amor de mãe – fez reacender em mim o lado idealista de querer consertar as coisas, usando os princípios e valores que eu trouxe do esporte. Foi dessa forma que, após trabalhar como comentarista no SporTV por três ciclos olímpicos, resolvi, em 2006, voltar a residir em Brasília e me dedicar a um projeto de inclusão social focado no esporte, que considero uma escola de vida por ensinar valores, como companheirismo, respeito, hierarquia, solidariedade, cooperação, entre outros.

Considerando que o esporte forneceu os alicerces para minha formação como cidadã, minha intenção sempre foi transmitir essa experiência aos jovens da periferia de Brasília; também foi por meio da minha experiência no voleibol que fui tomando consciência das desigualdades estruturais, que funcionam como correntes, amarrando o nosso país ao atraso. Nunca nos tornaremos o tão falado país do futuro se não consertarmos o nosso presente. E isso significa investir na formação dos nossos jovens. Observando a experiência de outras nações que conseguem tratar melhor os seus cidadãos, passei a me interessar pela política. A pergunta que eu sempre me fazia: se a Alemanha pode, por que nós não? Se a França, os Estados Unidos e Portugal, entre tantos outros, construíram uma sociedade que permite aos seus cidadãos viver com dignidade e ascender por meio do seu próprio esforço, por que o Brasil não consegue ir por esse mesmo caminho? Se competíamos de igual para igual contra essas nações dentro das quadras, por que não nos igualarmos também na organização social e econômica? Da mesma forma, pude observar que o Brasil é um dos países onde a desigualdade de gênero é mais vergonhosa. Abro parênteses para destacar que, no final de 2019, o Fórum Econômico Mundial divulgou um *ranking* global analisando a desigualdade de gênero. Entre os 153 países pesquisados, o Brasil ficou em 92º lugar. Em relação aos salários pagos a homens e mulheres para desempenhar atividade semelhante, nossa classificação caiu para a 130ª posição. Quanto ao empoderamento político, ficamos no 104º lugar.

A princípio, ao retornar a Brasília, imaginei que poderia dar minha contribuição atuando no terceiro setor. Entretanto, ao manter contato com aquelas pessoas carentes e ver o quanto o poder público é incapaz, até mesmo de enxergar suas necessidades mais básicas, acreditei que poderia colaborar de uma outra forma. Parei, pensei e decidi pela alternativa de superar meus preconceitos contra a classe política e disputar um cargo eletivo. Nesse sentido, em 2014, com um pequeno grupo de apoiadores e irrisórios recursos financeiros, disputei uma cadeira de deputada distrital, tendo recebido mais de 11 mil votos e ficado na primeira suplência. A partir dessa boa votação, o então governador eleito, Rodrigo Rollemberg, convidou-me a ocupar o cargo de secretária de Esporte e Lazer do Distrito Federal, integrando um grupo de apenas quatro mulheres, entre 25 secretários de estado. Assim, com muita dedicação e zelo para aprender o novo ofício, passei a dar o exemplo de que lugar de mulher não é na cozinha, mas, sim, onde ela quiser, inclusive na política.

A visibilidade alcançada no cargo de secretária de estado me credenciou a disputar a eleição para o Senado Federal. Durante a campanha, assumi o compromisso de, no Congresso Nacional, abrir mão de verbas indenizatórias e outros privilégios inerentes ao mandato, assim como priorizar as pautas femininas. E é o que tenho procurado fazer desde então. Acredito que uma contribuição importante que pude dar foi, como relatora do Projeto de Lei nº 2.235/2019, do senador goiano Luiz do Carmo, apresentar parecer favorável para que pelo menos 30% das cadeiras de deputado federal, deputado estadual ou distrital e de vereadores sejam reservadas para um dos sexos. Ou seja, em uma bancada de 10 parlamentares, pelo menos três teriam de ser mulheres (ou homens, caso a quantidade de mulheres eleitas fosse maior). No Senado, nas eleições de 2/3 das vagas, uma cadeira em cada unidade da Federação será reservada para mulheres, caso esse projeto seja aprovado definitivamente pelo Congresso. Será um avanço histórico, fundamental para que os parlamentos de todo o país reflitam, de forma mais fiel, sobre a realidade da sociedade. É bom registrar que, na América Latina, 15 países já adotam algum tipo de cota de gênero e quase a metade das nações nos demais continentes tem legislação semelhante.

Apesar de sermos maioria na população e no eleitorado brasileiro e de oferecer contribuição fundamental para a economia do país, nós, mulheres, ocupamos apenas 12,32% dos 70 mil cargos eletivos, segundo levantamento feito em 2019 pela Procuradoria da Mulher no Senado. Devo reconhecer que a legislação recebeu alguns avanços, mas o próprio resultado eleitoral sinaliza que é preciso fazer muito mais. A responsabilidade passa também pelos partidos políticos, que têm a obrigação de investir na formação de novos quadros femininos, não bastando apenas cumprir as cotas previstas na legislação. Da mesma forma, acredito que o Tribunal Superior Eleitoral e os tribunais regionais devam intensificar campanhas educativas que priorizem debelar a discriminação que até hoje ainda recai sobre as mulheres. Com unidade, sabedoria, firmeza e doçura, nós, bravas mulheres brasileiras, conquistaremos o espaço que nos é de direito, ou seja, onde quisermos.

Ampliar a participação feminina e construir um futuro de igualdade

Por Luciana Santos[64]

A consciência de que ter mais mulheres na política é fundamental vem se expandindo, mas ainda estamos longe de ter equidade na participação em espaços de decisão e poder. Temos no Brasil um enraizamento da cultura machista e um cenário de desigualdades, que se devem a um conjunto de aspectos que levam as mulheres a uma condição de opressão injustificável. Aumentar a participação feminina em todos os espaços de decisão e poder tem tudo a ver com a superação desse cenário.

Ao observar os momentos de construção histórica e social do nosso país, percebemos uma série de fatores, sobretudo culturais, que fizeram que a política fosse um espaço majoritariamente masculino. Embora, em muitos casos, as mulheres, no âmbito doméstico, aconselhassem, opinassem e sugerissem, no âmbito público o palco era exclusividade dos homens. Essa realidade foi mudando a partir das lutas e mobilizações femininas, da ousadia e coragem de mulheres que entenderam que poderiam e deveriam ultrapassar as fronteiras impostas pela convenção social e pelo preconceito, e passaram a opinar mais e construir suas ideias e carreiras

---

[64] Presidente nacional do PCdoB e vice-governadora de Pernambuco.

também no espaço universal, apesar de todas as barreiras impostas. Essa é uma movimentação que continua acontecendo e é extremamente relevante, sobretudo quando precisamos, como agora, de um olhar diferenciado para o mundo, a economia e as relações humanas.

Segundo dados da Pesquisa Nacional por Amostra de Domicílios Contínua 2019 (PNAD Contínua), as mulheres representam 51,8% da população brasileira. O percentual de domicílios brasileiros comandados por mulheres saltou de 25% em 1995, para 45% em 2018, devido, principalmente, ao crescimento da participação feminina no mercado de trabalho. Os dados são do Instituto de Pesquisa Econômica Aplicada (Ipea). Esse movimento, porém, se acentuou depois da crise econômica. Só entre 2014 e 2019, quase 10 milhões de mulheres assumiram o posto de gestora da casa, e 2,8 milhões de homens perderam essa posição no mesmo período. Uma realidade que não se refletiu na equiparação de salários. Após sete anos de quedas consecutivas, em 2019 houve um aumento da diferença dos salários de mulheres e homens, de 9,2% em relação a 2018.

Apesar dessa disparidade salarial, as mulheres seguem investindo na carreira. Dados compilados pela Quero Bolsa mostram que elas são 57% do total de estudantes no ensino superior. São também maioria na iniciação científica, representando 59,71% do total dos pesquisadores. Na pós-graduação, 54% do total de estudantes são mulheres. O Programa das Nações Unidas para o Desenvolvimento (PNUD) explica que, hoje, as mulheres têm, em média, oito anos de estudo no Brasil, enquanto os homens ficam nos 7,7 anos.

Neste momento da pandemia de covid-19, vimos com destaque a excelência das mulheres na ciência e na saúde. Entre profissionais de enfermagem e fisioterapia a ampla maioria é feminina, de acordo com a Organização Mundial da Saúde (OMS). Na ciência tivemos grandes contribuições, como o sequenciamento do genoma do novo coronavírus, feito pela biomédica dra. Jaqueline de Jesus e sua equipe. A pneumologista e pesquisadora Margareth Dalcolmo, da Fundação Oswaldo Cruz (Fiocruz), e a microbiologista Natália Pasternak, presidente do Instituto Questão de Ciência, são protagonistas no esforço para esclarecer à população sobre a pandemia e o comportamento do novo coronavírus. O corpo científico do Instituto Butantan, por sua vez, responsável pelo desenvolvimento de uma das vacinas contra a covid-19 no Brasil, é formado de 71% de mulheres.

Estes são só alguns exemplos, de inúmeros, que mostram a relevância do papel feminino na organização social. Um cenário que não tem correspondência nos Parlamentos e Executivos. Os avanços e conquistas - que devem ser sempre celebrados - são muitos, mas o caminho até a equidade ainda é longo. As mulheres somam apenas 14,6% de parlamentares da Câmara dos Deputados e 13,6% do Senado, um número muito baixo. Para que tenhamos uma ideia do nível de sub-representação, eu fui apenas a terceira mulher deputada federal por Pernambuco; na época, a única na bancada do estado, e isso nem de longe corresponde ao protagonismo que as pernambucanas têm na nossa história de lutas e na participação nos movimentos sociais. Cito aqui, para ilustrar, Adalgisa Cavalcante, Cristina Tavares e Julia Santiago, três pernambucanas entre tantas outras, que em outros tempos enfrentaram o desafio de se manter em um mandato.

No PCdoB, ao longo dos anos, temos buscado refletir sobre a emancipação feminina e o papel público das mulheres, e temos conseguido incorporar o resultado desses debates na nossa prática cotidiana. Isso se revela objetivamente na força que as mulheres têm no partido. Para além de ter uma mulher no seu comando nacional, o PCdoB possui mulheres na presidência do partido em vários estados e uma bancada, em abril de 2021, com maioria feminina. São parlamentares expressivas, com grande influência no Congresso Nacional, como Jandira Feghali, Perpétua Almeida, Marcivânia Flexa e Alice Portugal. Em legislaturas anteriores, pudemos contar com nomes de destaque nacional, como Manuela d'Ávila, Jô Morais e, no Senado, Vanessa Grazziotin, só para citar alguns quadros.

Além da atuação no Parlamento federal, a presença feminina no PCdoB é inconteste nas Câmaras Municipais, Assembleias Legislativas e nas várias expressões dos movimentos sociais. Isso revela que o critério da verdade é a prática. Naturalmente reconhecemos que as instituições são feitas de gente e, por isso mesmo, seguem suscetíveis aos comportamentos machistas. Mas nosso partido revela ser de um grau acima da média da percepção do papel protagonista e decisivo das mulheres na política. Temos avançado no trabalho específico da Secretaria da Mulher, mas investindo na transversalidade dessa pauta, buscando envolver todo o conjunto do partido nos debates, como recentemente na 3ª Conferência Nacional sobre Emancipação da Mulher, na qual realizamos debates nos municípios e estados, com a participação de homens e mulheres, abertos, inclusive, para não filiadas e não filiados.

No âmbito dos mandatos, a pauta de inclusão das mulheres é sempre uma prioridade. Por isso defendemos que políticas afirmativas que criem condições para que as mulheres possam se candidatar, se eleger e cumprir seus mandatos são fundamentais para equilibrar essa balança. Apesar de desestimuladas desde cedo, as mulheres insistem e são muito ativas na política. Estão nas estruturas de organização dos partidos e dos movimentos sociais, por exemplo, mas ainda ocupam pouco espaço de destaque. Debruçamo-nos também sobre esse cenário e analisamos as variáveis que geram essa distorção para buscar formas de corrigi-las.

Em outra face, parlamentares e gestores precisam colocar em pauta as políticas que priorizem a qualidade de vida das mulheres. O grande desafio de uma política assertiva de gênero é conseguir que ela, de fato, seja uma política transversal. A saúde, o conteúdo das escolas e mesmo as intervenções urbanísticas têm de dialogar com isso. Como deputada federal, acompanhava com atenção as intervenções estruturantes de Pernambuco, para sugerir recortes de gênero. Muitas vezes pequenas ações mudam completamente o cotidiano da mulher que está na ponta, como, por exemplo, garantir que a escritura de casas compradas ou financiadas por programas habitacionais seja no nome da mulher, ou criar linhas de crédito específicas. Sou autora de várias emendas, em parceria com a Secretaria de Mulheres, desde destinações para presídio feminino, para assegurar a ressocialização, até financiamento para o Porto Digital, garantindo recursos para instalação de uma creche e para o empreendedorismo feminino, contribuições para viabilizar a autonomia financeira das mulheres, um dos vetores mais importantes nesta seara.

Quando falamos em inclusão, precisamos intervir, na realidade, a partir de dois pilares. Para que as mulheres se emancipem, sejam mais livres, é preciso atuar no debate de ideias. É preciso que se tenha consciência dessa condição, que, embora latente e objetiva, não é sempre clara e, por isso, é naturalizada. O outro pilar, mais objetivo, é a autonomia financeira.

Quando assumi a vice-governadoria de Pernambuco, sendo a primeira mulher a ocupar esse posto, tive consciência da enorme responsabilidade que estava colocada. O significado disso para a representatividade feminina é muito grande. Temos, no governo de Pernambuco, uma boa presença feminina no âmbito das decisões estratégicas do governo, e isso tem resultado em um olhar para o recorte de gênero em políticas importantes, como na concessão de crédito, no estímulo ao empreendedorismo, na formação de novas áreas e na priorização de ações mais amplas, como a garantia de água em todo o estado, medida que impacta diretamente a vida das mulheres, principais responsáveis pelo lar. Temos, ainda, iniciativas como os Núcleos de Estudos de Gênero, que existem em 175 escolas de referência e técnicas de Pernambuco, e contribuem para a popularização dos debates sobre isonomia e participação no ambiente escolar. Olho essas decisões e penso que é para isso que as mulheres precisam estar na política!

É importante que ocupemos os espaços com nossa capacidade de mediação e diálogo, implementando nosso jeito e nossas prioridades, porque é esse nosso olhar que vai fazer que os direitos femininos sejam respeitados, que as portas que continuam fechadas para meninas e mulheres possam finalmente ser abertas. Chegar até aqui só foi possível porque muitas mulheres abriram caminhos, e muitas mulheres, comigo e ao meu redor, atuaram para que pudéssemos seguir caminhando. Nosso trabalho é fortalecer quem já está na jornada e, sobretudo, abrir portas para as que estão chegando.

Conquistamos 30% do Fundo Partidário e do tempo de propaganda eleitoral. Foi um passo importante, mas precisamos ir além. Defendemos que haja, progressivamente, reserva de vagas no Parlamento para além do espaço nas chapas, que já existem, porque só assim conquistaremos a paridade necessária. O equilíbrio que se percebe em países que adotaram em lei as cotas para mulheres, como Ruanda, Bolívia e Cuba, referendam o sucesso de medidas como esta. A política, a despeito daqueles que a negam ou rejeitam, decide os rumos do nosso país e de questões fundamentais para a vida de todos nós, como transporte, saúde, educação, economia, e, por isso mesmo, as mulheres precisam estar presentes, sugerindo, construindo, decidindo e influenciando na tomada de decisão.

Essa consciência é algo que se aprende. E é muito bonito perceber que as meninas das novas gerações já não aceitam o lugar da invisibilidade, do segundo plano, dos estereótipos. Essas meninas e mulheres dos dias de hoje sabem que o lugar delas é onde elas quiserem. São pequenos grandes passos dados coletivamente, porque nenhuma conquista é individual, todas elas estão lastreadas pelo longo caminho que outras percorreram antes de nós. Percorremos com esperança os caminhos da luta, avançando em pontos fundamentais, como a compreensão de que o debate sobre gênero não pode estar dissociado das reflexões sobre raça e classe. A emancipação das mulheres é uma variável necessária para a superação do capitalismo e seus valores, para a construção de um mundo de respeito, igualdade e livre de preconceitos. Seguimos lutando e acreditando. Dias mulheres virão.

Mulheres oxigenam a política e fortalecem a democracia

Por Mara Gabrilli[65]

Ao longo dos anos, em toda a minha atuação parlamentar, norteei meu trabalho por meio de um exercício diário: ouvir as pessoas. Nesse sentido, não poderia deixar de falar da participação feminina em todas as frentes que conduzi, desde a época que empreendia socialmente o Instituto Mara Gabrilli, uma ONG que fundei em 1997 para apoiar atletas com deficiência e fomentar as pesquisas para a cura de paralisias. Sempre existiram mulheres me impulsionando, a começar pela minha mãe, que me incentivou a entrar para a política, e as mulheres que compõem minha própria equipe de trabalho. Todas têm voz na tomada de decisão. Não existe coisa específica para homem ou mulher fazer em nosso time. Também não abro mão da participação das mulheres da sociedade civil e do terceiro setor, que arregaçam as mangas e vão atrás de seus direitos. São mães que estão na linha de frente de nossas lutas, que se mobilizam e batem de gabinete em gabinete em busca do reconhecimento dos direitos de seus filhos. Aprendi e aprendo todos os dias com a resiliência de quem luta para sair da margem e ocupar espaços por direito.

---

[65] Senadora do PSDB por São Paulo.

Felizmente já presenciamos um número expressivo de lideranças femininas nas comunidades, principalmente nas periferias. São mulheres que atuam com brilhantismo na defesa dos direitos à educação, ao trabalho e à inclusão social. Essas mulheres personificam os ideais e valores que me levaram à carreira pública e é muito gratificante notar que as brasileiras vêm ocupando cada vez mais espaços em áreas que até então eram majoritariamente masculinas. Elas estão nas universidades, no mercado de trabalho, nas lideranças empresariais, no empreendedorismo, nos centros de pesquisas... Porém, há um espaço no qual ainda há pouca representatividade: a política.

Foi a baixa participação das mulheres na política que levou o Brasil a ocupar o triste 92º lugar, entre 149 países, no *ranking* de igualdade de gênero publicado pelo Fórum Econômico Mundial. O relatório analisa o percentual de acesso das mulheres ao trabalho, à educação, à saúde e à política. Tivemos progressos nos três primeiros, porém outros países têm avançado com muito mais mulheres ocupando espaços na política. Desse modo, a cada ano, estamos perdendo posições. Na primeira edição do estudo, feito em 2006, o Brasil estava em 67º lugar. Perdemos 25 posições e estamos ficando para trás! É paradoxal, porque esse cenário de poucas mulheres na política não reflete as mudanças da sociedade. Segundo o Ipea, 45% dos lares brasileiros já são chefiados por mulheres. Esse movimento se acentuou muito nos últimos anos devido à crise econômica. Só entre 2014 e 2019, quase 10 milhões de mulheres assumiram o posto de responsáveis por prover a renda da casa.

Temos buscado elevar o percentual de mulheres nas cadeiras do Legislativo e nos cargos de liderança do Executivo. Hoje contamos até mesmo com uma cota de 30% de candidatas mulheres, mas ainda temos muito a avançar para que as instituições e seus locais de tomada de decisão reflitam a força e a sensibilidade das mulheres.

Outro levantamento elaborado pelo Programa das Nações Unidas para o Desenvolvimento e pela ONU Mulheres, sobre os direitos políticos das mulheres na América Latina, colocou o Brasil em 9º lugar entre 11 países pesquisados. México, Bolívia, Peru, Colômbia e Argentina lideram a pesquisa que analisou 40 indicadores. Ficamos atrás até mesmo de países como Guatemala e Honduras, que tiveram períodos recentes de forte instabilidade provocada pelas guerrilhas. A ONU recomendou o impulsionamento de ações que promovam o acesso das mulheres negras e indígenas ao poder político, assim como intensificar a fiscalização e a punição diante do descumprimento da legislação de cotas. Certamente temos de combater qualquer forma de discriminação e de violência baseadas no gênero, reconhecendo ainda que, além da questão de cor, a condição de deficiência também representa dupla vulnerabilidade. Nesse sentido, posso falar com propriedade. Mulher e tetraplégica, levo comigo um somatório de discriminações: driblo na cadeira de rodas o machismo, o sexismo, a misoginia e a discriminação que se manifestam em várias outras facetas, já que carrego o *plus* de não me mexer do pescoço para baixo.

Chegar ao Senado e também à ONU, onde represento o Brasil no Comitê dos Direitos da Pessoa com Deficiência, levou-me a uma condição de análise global dos reais problemas que as mulheres, em especial as que têm uma deficiência, enfrentam no mundo. Para se ter uma ideia desse panorama, a cada dez pessoas no mundo, uma tem deficiência. A cada cinco pessoas com deficiência, três são mulheres. O mundo conta com 1 bilhão de pessoas com deficiência, das quais 600 milhões são mulheres. Ou seja, não estamos falando aqui de um microcosmo, mas de um planeta de mulheres e meninas esquecidas. Em países subdesenvolvidos, muitas dessas mulheres são as responsáveis por buscar a água potável para a subsistência de sua família e comunidade.

De acordo com a ONU, mais de 2 bilhões de pessoas no planeta não têm acesso à água potável, e mais de 4,5 bilhões não têm serviços de saneamento adequados. A precariedade dessa política pública é, inclusive, um dos maiores causadores de deficiência em alguns países. Atualmente, estima-se que 90% dos casos de deficiência visual estejam concentrados em nações em desenvolvimento. A maior parte poderia ser evitada com políticas de saúde.

Um relatório de 2017 da Unesco mostrou que, se todos os adultos tivessem chegado ao ensino médio, a pobreza mundial seria reduzida pela metade. E as razões são simples. Em primeiro lugar, a educação vai melhorar as competências das pessoas. Em segundo, a educação vai melhorar a resiliência da população às mudanças climáticas, aos desastres e pandemias. Em terceiro lugar, o estudo mostra que as mulheres com nível mais alto de educação vão cuidar melhor de seus filhos, haverá uma diminuição de mortes por doenças e maiores chances de mobilidade social para esses filhos.

Mostrar esses dados pode parecer algo distante para muita gente, mas é a condição ainda desigual da mulher que torna esses números tão reais em pleno 2021. Muita gente nem imagina, mas até 2016, as senadoras tinham de sair do plenário e usar o banheiro do restaurante ao lado, porque a única opção era o banheiro masculino, construído em 1960. Em 1932, conquistamos, por lei, o direito a votar em eleições nacionais, mas vivenciamos ainda hoje uma política majoritariamente masculina, apesar de representarmos mais de 50% dos eleitores no Brasil.

A realidade é que por muito tempo temos sido um Brasil conduzido por homens. Não só isso, nossa política esteve nas mãos de homens majoritariamente padrões: brancos, mais velhos e com histórico familiar na política. Essa homogeneidade não combina com a política, muito menos com a democracia. Sem pluralidade não há como representar toda a diversidade de uma nação. Há vários Brasis dentro de um país. E, para representar toda a sua continentalidade, precisamos de vozes diversas.

Para chegar à água, ao saneamento básico, ao combate à violência, ao trabalho e à liberdade, temos de acabar com a desigualdade de gênero nas relações de poder. Os caminhos são inúmeros, mas a política circunda por todos eles. E essa constatação não pode ser ignorada. Precisamos, sim, oxigenar a política, com mulheres, com diversidade. Quando jovem, carreguei um pensamento muito comum ao de vários brasileiros: o de que os políticos eram todos iguais, que agiam somente em prol de seus próprios interesses. Mas a vida me ensinou que fazer política é um trabalho apaixonante, que pode mudar realidades. Hoje, vejo quanto já conseguimos avançar e o quão distantes ainda estamos do ideal. Mas a semente foi plantada. E no que depender de mim, e de muitas brasileiras, nossas parceiras de jornada, ela será semeada e multiplicada.

É preciso sair da zona de conforto!

Por Renata Abreu[66]

"Lugar de mulher é onde ela quiser!" Frase que precisa ser repetida à exaustão até que produza a vibração energética que impulsione a mulher a ir atrás daquilo que deseja. Ao longo da história, apesar das desigualdades em vários segmentos da sociedade, as mulheres estão rompendo barreiras e conquistando cada vez mais o seu espaço em todo o mundo. No Brasil não tem sido diferente. Na política, embora ainda seja um campo predominantemente masculino, aos poucos o estamos invadindo. Quando fecho os olhos, um filme ativa a memória e relembro passo a passo minha trajetória. Foi uma caminhada difícil, solitária e sofrida, que exigiu sacrifícios e muita superação; não faltou quem torcesse o nariz e desacreditasse que eu chegaria lá. Até porque era a minha primeira participação em um pleito eleitoral. Política é um ambiente desgastante, e para a mulher é ainda mais desigual e cansativo, já que é preciso encarar uma série de barreiras, como dupla ou tripla jornada de trabalho e os afazeres domésticos e familiares.

Enfrentei resistência até em casa, mesmo sendo de uma família que lutou muito pelo Brasil, que lutou muito pela democracia. Vivi no seio familiar a luta pela redemocratização brasileira. Meu tio, Dorival de Abreu,

---

[66] Presidente nacional do Podemos e deputada federal por São Paulo.

foi preso, torturado e cassado como político por enfrentar a ditadura. A política nasceu em mim. Era um assunto natural, porque vivenciei todo o trabalho social que minha família realizava desde que fundara o Centro de Tradições Nordestinas, cujo objetivo principal era, por meio de ações de inclusão social, romper a barreira preconceituosa sofrida pelos migrantes radicados em São Paulo.

Quando anunciei que iria me candidatar a deputada federal, em 2014, meu pai, José de Abreu, fez pouco caso. Minha mãe, Cristina Hellmeister de Abreu, chegou a fazer promessa para que eu não concorresse. Ela sofreu muito com as ausências de meu pai, que foi deputado federal por dois mandatos, e temia reviver tudo isso. E para o meu pai, política era coisa para homens. Mas, no fim, os dois se tornaram meus principais cabos eleitorais.

Toda mulher sofre quando resolve abraçar a política. Tem a dor de deixar os filhos, tem o ciúme do marido. Mas, quando decide entrar, é preciso que seja de cabeça. Pior que o medo de perder é a vergonha de nunca ter tentado. E essa vergonha nós não podemos ter. Não foi fácil ouvir os filhos dizerem que "estavam com saudade da mamãe" ou "cadê você, mamãe?", quando eu passava dias e dias longe de casa, dormindo três horas por noite, gastando muito suor, saliva e sola de sapato porque acredito na política como a melhor ferramenta de transformação social que existe, e isso exige sacrifícios. Tenho certeza de que meus filhos têm orgulho desta mãe que, no momento em que o país mais precisou, não lhe virou as costas.

Aliás, foi graças às mulheres que saíram da zona de conforto e foram para o *front* que as brasileiras conquistaram pela primeira vez, em âmbito nacional, o direito de votar e de serem votadas na eleição para a Assembleia Nacional Constituinte, em 1933. Luta essa que começou em meados do século XIX. Tem uma frase de Madre Teresa de Calcutá que uso muito quando me perguntam "o que uma mulher pode fazer na imensidão de paletós e engravatados políticos?": "O que eu faço pode ser apenas uma gota no meio do oceano. Mas, sem ela, o oceano seria menor".

Precisamos de mais mulheres na política para lutar pelos interesses femininos. Os homens têm feito isso há anos, logo, o mundo político se parece tanto com eles. Não somos do grito, temos um jeitinho diferente de fazer as coisas, mais caridoso, cuidador, ouvimos e dialogamos mais. Somos acostumadas, desde cedo, a lidar com as diversas atividades cotidianas que nos são atribuídas, e na política não é diferente. Trazemos para a vida pública o carinho, a atenção e a dedicação que sempre tivemos com nossos familiares, filhos, marido... Foi identificando os problemas, a realidade diversificada do nosso país, que consegui avançar em propostas que dão mais segurança à mulher, como as duas leis já em vigor, originalmente minhas: a Lei Federal 13.718/2018, que transformou em crime a importunação sexual, com pena de prisão; e a Lei 13.931/2019, que determina a comunicação imediata às autoridades policiais os casos de indícios ou violência contra vítimas atendidas nas redes pública e privada de saúde.

Meu lado cuidadora, de ajudar a resolver os problemas vigentes em nosso país, aflorou-se no exercício político, então conversei com meu marido sobre a importância de ir para o segundo mandato como parlamentar federal. O acordo entre nós era para apenas uma legislatura, a fim de concretizar um sonho que eu acalentava desde os bancos escolares, ou seja, legislar e dar a minha contribuição para o nosso país. Mas as coisas caminham lentamente no Parlamento. Um bom projeto de lei, que muda a vida das pessoas, não tramita com celeridade, e quatro anos é pouco para fazer as mudanças que os brasileiros desejam. Tenho como exemplo as propostas de prorrogação da licença-maternidade, quando o recém-nascido fica internado, e do ecocardiograma fetal pelo SUS. Sabemos quanto é importante o vínculo afetivo entre mãe e seu bebê, mas, com o filho hospitalizado, os dias de licença-maternidade continuam a correr e esse relacionamento fica prejudicado. Já o exame de ecocardiograma fetal pelo SUS, que detecta cardiopatias congênitas antes do parto, evitaria que a cada ano nascessem no Brasil 30 mil crianças com problemas no miocárdio. Ambos os projetos foram aprovados pela Câmara dos Deputados no meu primeiro mandato, mas ainda estão em análise no Senado. Se não fizer marcação cerrada, ficam na gaveta do Congresso.

Cito esses projetos para mostrar que mulher é muito mais persistente e determinada do que o homem. E mais eficiente também quando o critério é a apresentação e aprovação de proposições legislativas. A monografia do formando em Direito José Jance Marques Grangeiro (2020) mostra que as parlamentares apresentam e aprovam o triplo de projetos comparadas aos homens, tendo como base o período de 2015-2019. "Ao olhar os dados da pesquisa, é possível inferir ser muito mais vantajoso ter uma mulher do que um homem no Parlamento", escreve Granjeiro.

E por sermos nós mesmas, por sabermos ouvir e ter preocupação com os problemas dos brasileiros, é que a gente se destaca na política. Quando uma mulher defende os seus direitos, ela incentiva outras a ingressarem na política e a defenderem também. Tenho muito orgulho de ser essa mulher, que tem paixão pelo que faz e consegue dar conta de tudo. Quando estava grávida de meu terceiro filho e contei para o senador Alvaro Dias (Podemos/PR), ele me perguntou: "Em que momento você vai criar essa criança?". Mal sabe ele que mulher sempre dá um jeito, sempre arruma um tempo, se vira em mil e consegue cuidar da família, dos filhos, do mandato, representar milhares de eleitores, não só os que votam nela como também os que não votam, e até fundar e presidir um partido. Eu sou uma dessas mulheres!

Nascido para devolver ao cidadão o seu direito de participar das principais decisões do país, além do voto eleitoral, o nosso partido, o Podemos, é um dos poucos determinados a reverter o quadro de sub-representatividade feminina no poder. A presença da mulher no empoderamento político brasileiro ainda é uma das menores do mundo, somos mais da metade da população, mas isso não se reflete na política, e por esse motivo estamos trabalhando muito para mudar esse paradigma.

Quando idealizei o Podemos, voltaram os negativistas, mais uma vez torcendo o nariz para o meu sonho. Para eles, eu era apenas uma mulher sonhando alto demais. Mas, aos poucos, meu sonho foi se tornando o sonho de muitos, e a realidade está aí: um partido tal qual o projetei, de portas abertas, transparente, defensor e praticante da democracia direta, no qual a população decide com a gente o voto das principais questões em debate no Brasil. Como mulher, presidente de um partido e parlamentar, tenho como um de meus maiores objetivos desfazer o ultrapassado entendimento de que o espaço da mulher é o privado e de que a vida pública pertence aos homens. Cheguei a ser a única mulher no colégio de líderes da Câmara dos Deputados. Nas reuniões da nossa bancada parlamentar, também sou a única mulher no meio de paletós e gravatas. Se isso me incomoda? Não, porque sou a exceção das exceções. Isso, na verdade, me estimula ainda mais, e espero motivar outras mulheres que sonham com a política.

No Podemos, a presença feminina cresce a cada ano. Em 2020, realizamos um programa de capacitação que foi, acima de tudo, mostrar às mulheres que política também é um espaço delas. A procura foi tão grande que tivemos de ampliar o cronograma de aulas, o que me deixou extremamente confiante de que as brasileiras estão despertando também para a política. E essa constatação foi comprovada na campanha eleitoral. Batemos todos os nossos recordes. Tivemos quase sete mil candidatas concorrendo pelo Podemos aos cargos de prefeita, vice-prefeita e vereadora, mais do que o dobro em relação à eleição anterior. Elegemos 187 vereadoras (184% em comparação a 2016), 24 vice-prefeitas (219%) e 9 prefeitas (150%). Números que, embora ainda insuficientes para a igualdade de gênero na política, mostram a curva ascendente da participação feminina nos processos eleitorais do Brasil.

Mais mulheres na política beneficiam a sociedade como um todo, além de ser essencial para o nosso sistema democrático. Pense nisso: estudos mostram que, em regimes democráticos, quanto maior é a presença de mulheres no Parlamento e no governo, menor é a incidência de corrupção nessas instâncias. O avanço de uma nação precisa de mais mulheres no poder. E o Brasil precisa cada vez mais de nós, mulheres!

É preciso chutar a porta

Por Simone Tebet[67]

Eu nasci dentro da política. Descendente de libaneses, fui criada em uma cidade de pequeno porte. Meu pai, Ramez Tebet, jurista respeitado, já havia enveredado pelos caminhos da política. Sou a mais velha de quatro filhos e, ainda menina, ouvia as conversas que definiam os rumos da minha cidade. Ao longo de muitos anos, achei que política era coisa de homem. Jovem, passei a ajudar nas campanhas eleitorais. Separava "santinhos" e começava a ver com senso crítico que as mulheres candidatas saíam dos comitês com quase nada de material. Apoio? Orientação? Talvez fosse um luxo naquela época, talvez continue sendo ainda hoje em muitos recantos ou até mesmo em metrópoles deste país.

Os anos passaram, e meu pai, político já consagrado em Mato Grosso do Sul e no Brasil, foi o primeiro a me mostrar que lugar de mulher é onde ela quiser. Fui eleita deputada estadual, primeira prefeita de Três Lagoas (MS), primeira vice-governadora de meu estado. No Senado, continuei na mesma trilha: primeira presidente da Comissão Permanente Mista de Combate à Violência contra a Mulher; primeira líder do MDB no Senado; primeira presidente da Comissão de Constituição e Justiça (CCJ) e, mais recentemente, primeira mulher a concorrer ao cargo de presidente do Senado. Isso me trouxe orgulho, mas esse sentimento sempre veio acompanhado de um

---

[67] Senadora do MDB eleita pelo Mato Grosso do Sul. Foi presidente da Comissão de Constituição e Justiça do Senado Federal.

misto de tristeza e, principalmente, indignação. Afinal, ser a primeira na estrada da política tantas vezes, já no século XXI, demonstra o quanto ela é pedregosa para a mulher. Por outro lado, me reforça o compromisso com tantas outras mulheres a quem ainda não se permitiu o devido direito. Estou na política para representar todos os brasileiros e, em especial, para dar voz à nossa luta e ampliar as nossas conquistas.

Essa estrada ainda é longa. Há muita coisa a mudar. Os métodos utilizados nas eleições à presidência do Senado Federal em 2021 são um bom exemplo. Nesse caso, há de se considerar que não foi machismo, como dizem alguns. Foi a velha política. O meu redor estava contaminado pelas barganhas, prática viciada que não queremos ver de novo. Minha decisão de manter a candidatura foi considerada um ato de coragem. Prefiro classificá-la como um ato de consciência e convicção. E de independência, como assim me coloquei naquele pleito. Acredito fervorosamente que é possível desconstruir e reconstruir sobre novos alicerces para sedimentar, tijolo por tijolo, a tão sonhada boa política. Para galgarmos posições de destaque na nossa sociedade, nós, mulheres, temos de "chutar a porta" muitas e muitas vezes. Seguimos os passos de mulheres corajosas e desbravadoras: sufragistas, filósofas, escritoras, ativistas de direitos humanos. Muitas reconhecidas por terem sido "a primeira". No Brasil de Nísia Floresta a Bertha Lutz, de Pagu a Rose Marie Muraro, de Nise da Silveira a Bibi Ferreira, temos um rol de mulheres que revolucionaram as artes, a ciência, os costumes e as leis.

Na Assembleia Constituinte de 1987 havia apenas 26 mulheres. A chamada "Bancada do batom" conquistou direitos relacionados à saúde, família, mercado de trabalho, ampliação da licença-maternidade. Foi além, serviu de inspiração. A presença feminina naquele momento também foi fundamental para garantir à nossa Carta Magna a alcunha de "Constituição Cidadã". A ideia de "mais mulheres na política" está intimamente ligada ao ideal de cidadania. No entanto, ainda somos apenas 15% do Legislativo Federal. O percentual de vereadoras (16%) e prefeitas (12%) eleitas em 2020 ainda permaneceu muito aquém da expectativa. A política de cotas e/ou a destinação de 30% dos recursos do Fundo Eleitoral e do tempo de rádio e TV para campanhas ainda não conseguiram nos tirar das últimas posições em representação feminina na política. Ocupamos o 140º lugar em um *ranking* de 191 países. Na América Latina, ocupamos a 9ª posição, quase a última, segundo levantamento do Programa das Nações Unidas para o Desenvolvimento (PNUD) e da ONU Mulheres.

Mas caminhamos, sim. Em 2018, a Câmara dos Deputados recebeu 50% a mais de mulheres. Longe, ainda, do equilíbrio entre gêneros no Congresso: somos 77 entre 513 deputados; 12 entre 81 senadores. Os dados indicam que as políticas de inclusão formalizadas ainda são insuficientes e, muitas vezes, usadas em nosso desfavor. Somos vítimas das "candidaturas laranjas". Para forjar a cota de 30% de candidatas, muitos partidos cometem fraudes ao registrar mulheres que não estão concorrendo de fato. Em 2020, segundo o Tribunal Superior Eleitoral (TSE), 65% das candidaturas sem votos eram de mulheres. E o pior, a expressão "candidatas laranjas" ainda joga uma carga negativa sobre as mulheres, como se a responsabilidade fosse delas.

A barreira eleitoral não é nosso único desafio. Eleitas, muitas mulheres enfrentam a chamada "violência política". Sofrem assédio, preconceito e até ameaças. A divisão do trabalho nos corredores da política é desigual, com a exclusão das mulheres dos âmbitos decisórios de coordenação e liderança. Os partidos políticos são majoritariamente comandados por homens e são eles que, em salas fechadas, decidem quem serão os candidatos e quanto cada um vai receber para suas campanhas. Apesar de quase todos os partidos com representação na Câmara dos Deputados terem setoriais de mulheres, e muitos deles expressarem, em seus estatutos, princípios de igualdade de gênero, percebe-se que tal adesão fica na retórica.

A mudança para efetivamente ultrapassarmos o patamar dos 15% de representação feminina deve ser interna. Por isso, apresentei o projeto (PL 4391/2020) para garantir que as legendas reservem, no mínimo, 30% dos cargos de direção partidária às mulheres. A proposta ainda prevê composição paritária nos órgãos de juventude das siglas. Acredito que essa mudança representará um divisor de águas na política brasileira. Com mais mulheres no comando, com vez e voz dentro dos partidos, teremos outro olhar na escolha das candidatas. Elas procurarão lideranças femininas com real potencial de vencer as eleições. Assim, a cota de 30% de candidaturas será totalmente preenchida por aquelas que sejam, de fato, representativas das lutas, evidentemente não somente nossas, mas também de todo o povo brasileiro. Assim, poderemos virar a chave da política em busca de uma relação mais equilibrada entre homens e mulheres eleitos para que possamos caminhar unidos na representação do conjunto da sociedade.

Outra medida positiva para a ampliação da mulher na política é a Proposta de Emenda à Constituição (PEC 134/2015), que exige o cumprimento da cota de, no mínimo, 16% das vagas nos Legislativos federal, estadual e municipal. Esta PEC dá um passo à frente em relação à Lei das Cotas. O texto, já aprovado no Senado, aguarda votação na Câmara dos Deputados. Ainda em 2021, aguardamos a votação da PEC 38/2015, que prevê a representação proporcional entre homens e mulheres na composição das Mesas das duas Casas do Congresso Nacional. Aprovado em março de 2016 na CCJ do Senado, ainda não foi pautado para votação no plenário.

Mas os ventos parecem estar, embora mais lentos que desejamos, soprando a nosso favor. Nesse mesmo ano de 2021, três senadoras foram indicadas para lideranças partidárias. Além disso, parece haver boa vontade para com a reivindicação da Bancada Feminina por participação ativa nas reuniões de líderes. Queremos a criação da "Liderança da Bancada Feminina", conforme previsto no Projeto PRS 6/21, para termos maior protagonismo na elaboração da agenda da Casa. Em geral, a aprovação de projetos da pauta feminina fica restrita a esforços concentrados no mês de março, em função do Dia Internacional da Mulher, e no mês de agosto, por causa do aniversário da Lei Maria da Penha. Nossas pautas precisam estar presentes na Ordem do Dia do Congresso ao longo de todo o ano. Isso também faz parte do empoderamento feminino.

Não é por falta de mérito que ainda faltam muitos degraus para que as mulheres estejam mais bem posicionadas na política e no mercado de trabalho. Temos mais anos de estudo, finalizamos mais cursos de pós-graduação, mestrado e doutorado. Mas, no mundo do trabalho, ainda recebemos, em média, 25% a menos do que homens que exercem a mesma função. No mundo corporativo, ainda somos exceção entre os CEOs de empresas. No Congresso, há exemplos de propostas que buscam mecanismos temporários para corrigir distorções entre os sexos no mercado de trabalho. O projeto (PL 7179/17) reserva 30% de vagas para mulheres nos conselhos de administração de empresas públicas. O texto, no entanto, apesar de aprovado no Senado, aguarda há anos para ser votado na Câmara dos Deputados.

Por séculos, a mulher esteve sob o domínio do patriarca ou do marido. Em termos históricos, até não muito tempo atrás, a mulher não podia trabalhar ou ser dona de seu próprio negócio sem a autorização do cônjuge. Hoje, a realidade é bem diferente. Mulheres têm se destacado entre os microempreendedores. As crises econômicas jogaram para elas a responsabilidade das contas da casa. Segundo o Ipea, o percentual de domicílios brasileiros comandados por mulheres saltou de 25%, em 1995, para 45% em 2018. No entanto, as mulheres continuam ocupando a maior parte das profissões consideradas femininas em áreas da saúde, educação, serviços, comércio, emprego doméstico. Em tempos de pandemia, essas ocupações foram as mais impactadas pela crise e pelo desemprego. Segundo levantamento da Comissão Econômica para a América Latina e o Caribe (Cepal), um ano de crise sanitária representou o equivalente a uma década de retrocesso no índice de emprego das latino-americanas. Antes da pandemia, a taxa de atividade feminina era de 52%; em 2021, é de 46%.

Além de perder autonomia econômica, muitas assumiram uma sobrecarga de trabalho não remunerado, em especial relacionada aos filhos, reforçada pela suspensão das aulas presenciais. O isolamento social imposto pela covid-19 estimulou outra mancha nefasta, a violência doméstica e familiar. Infelizmente, esse tipo de violência ultrapassa as fronteiras do tempo e das crises. Nossa luta é para demonstrar o que, *a priori*, está na intimidade das quatro paredes, é problema de todos e precisa ser combatido com políticas públicas eficazes. No Senado, tive a oportunidade de me debruçar sobre a pauta do combate à violência contra a mulher. É crescente o feminicídio, crime tipificado apenas em 2015, quando a Bancada Feminina não mediu esforços para aprovar o texto que se tornou outro importante marco legal, a exemplo da Lei Maria da Penha.

Para sair do ciclo da violência doméstica, psicólogos indicam que, quando ela atinge os filhos, fica mais fácil "chutar essa porta". Mas sabemos que é praticamente impossível fazê-lo sozinha. Uma rede de apoio fortalecida auxilia no reencontro com a dignidade. Além do apoio social e familiar, é imprescindível o apoio institucional por meio do Ligue 180, Delegacias da Mulher (DEAMs), Casas-Abrigo, Casa da Mulher Brasileira, Judiciário, Defensoria Pública, Ministério Público, Polícia, atendimento médico, psicológico e de assistência social. Quando não há mais nada a fazer, o grupo interdisciplinar de profissionais tenta abrir outras portas para uma nova moradia, um novo emprego e até uma nova identidade. Tudo isso faz parte de um grande escopo de políticas públicas voltadas às mulheres em situação de violência.

No entanto, mulheres do interior, dos rincões do país, das regiões de fronteira, nem sempre podem contar com esse apoio institucional. Segundo o IBGE, até 2018, apenas 8,3% dos municípios tinham DEAMs e 2,4% dispunham de casas-abrigo. A falta de suporte institucional permite a crescente estatística das mortes pelas mãos do chamado "amor tóxico". O sangue derramado cala o sonho, traumatiza os filhos e perpetua a violência doméstica e familiar em um ciclo sem fim. Por isso, ferramentas para combater essa mancha secular que nos envergonha como sociedade são construídas a todo momento.

O tripé do combate à violência contra a mulher tem como alicerce a prevenção, a punição e a ressocialização, substantivos presentes na Lei Maria da Penha, considerada pela ONU uma das melhores leis do mundo. De nossa parte, no Legislativo Federal, atuamos para ampliar punições, criar novos tipos penais, propor políticas públicas, lutar por recursos orçamentários. Todo esse escopo de ações é mais eficaz com a análise de dados mais confiáveis e mais completos. Pensando nisso, propus a criação, no Senado, do Observatório da Mulher contra a Violência. O órgão, criado em março de 2016, reúne informações, realiza pesquisas, elabora artigos científicos com vistas a auxiliar o trabalho parlamentar na construção de leis mais realistas e eficazes, e na troca de informações entre Legislativo e Executivo.

Nos últimos anos, avançamos muito na legislação. A Lei nº 13.772/2018 reconhece como violência doméstica e familiar o registro de cenas íntimas sem autorização. A Lei 13.718/2018 tipifica o crime de importunação sexual e de divulgação de cenas de estupro. A Lei 13.894/2019 confere a Juizados de Violência Doméstica e Familiar competência para ações de divórcio, separação, anulação de casamento ou dissolução de união estável. A Lei nº 13.984/2020 obriga agressores de mulheres a frequentar centros de reabilitação e a ter acompanhamento psicossocial. E a Lei 14.022/20 considerou serviço essencial o atendimento às vítimas de violência doméstica durante a pandemia. Lembro também da PEC 75/2019, que relatei no Senado, para transformar o estupro em crime imprescritível. O texto ainda aguarda votação na Câmara.

São muitos os temas que perpassam a temática feminina: violência, trabalho, educação, saúde, maternidade, empoderamento. Não à toa, o movimento feminista já está em sua quarta onda. A cada nova conquista surgem outras demandas, e assim vamos subindo os degraus rumo a uma sociedade mais justa e igualitária. Por isso somos tão necessárias na política. O que não podemos, nunca, é deixar de "chutar a porta". Afinal, parafraseando Guimarães Rosa, "a vida... o que ela quer da gente é coragem".

Na política, superar-se é aprender constantemente

Por Teresa Surita[68]

Terminei meu quinto mandato como prefeita de Boa Vista, capital de Roraima, com 85% de aprovação, tendo sido reeleita em 2016 com 79,39% dos votos válidos. O trabalho sério, transparente, desenvolvido na cidade de forma consistente e ampla, me garantiu alcançar esses importantes índices.

Vim para Roraima em 1987 como primeira-dama do então ex-território brasileiro, que em 1988 se transformou em estado federativo. Eu trabalhava na área de comunicação e passei a fazer parte de um programa de voluntariado, na época o Programa Nacional de Voluntariado (Pronav), onde tive condições de conhecer e identificar as necessidades desse "futuro" estado, Roraima, distante do centro econômico e político do país e muito pouco conhecido. Não foi um trabalho qualquer. Foi uma entrega de coração e alma, que me introduziu na vida pública e justifica toda minha carreira política até hoje.

No processo eletivo de formação do Estado, fui eleita pela primeira vez deputada federal e recebi a terceira maior votação proporcional do país, 22% dos votos válidos. Logo na sequência, em 1992, disputei meu primeiro mandato para prefeita de Boa Vista e me elegi, e assim começou uma

---

[68] Ex-prefeita de Boa Vista, em Roraima, por cinco mandatos, pelo MDB.

história de trabalho com políticas públicas, nas quais acredito imensamente bem elaboradas, e passei a tocar o Executivo Municipal em Boa Vista. Ali começou não só uma relação de trabalho, de comprometimento, aprendizado, amor, mas também de resultados. Hoje percebo, depois de ter terminado em dezembro de 2020 meu quinto mandato como prefeita, o quanto eu e Boa Vista aprendemos uma com a outra com o passar dos anos. Chegamos longe, não ao topo, porque obviamente ainda há muito a ser feito, mas chegamos à realização de um planejamento executado com muito controle, seriedade e monitoramento.

Aprendi na prática a fazer gestão pública qualificada, buscando parcerias embasadas na ciência e no conhecimento técnico. Minha equipe sempre foi escolhida pela capacidade e pelo mérito profissional e não por indicação partidária. Sei bem a diferença que existe entre uma escolha técnica feita por acordos, e pratico a política de resultados, a que muda para melhor a vida das pessoas, que promove qualidade de vida e oportunidades a todos. Tive essa condição pelo grande apoio popular que Boa Vista sempre me deu.

Se me perguntassem quais foram os marcos das minhas administrações, eu apontaria: a participação popular com o Programa Braços Abertos (tema de livros, como o do jornalista Márcio Moreira Alves, *Histórias de um Brasil profundo*, pesquisas e prêmios importantes publicados pela Universidade de São Paulo e pela Fundação Getulio Vargas), que me levou às ruas, em reuniões com microfone aberto, para a população discutir comigo os problemas, bairro a bairro, sobre obras e prioridades em toda a cidade; o Projeto Crescer, que salvou centenas de vidas de jovens adolescentes em situação de extremo risco, muitos já envolvidos em problemas com a lei, que os encaminhou para oportunidades e uma mudança de vida para melhor (foi ganhador de vários prêmios, como FGV, Fundação Ford, Sebrae); o Projeto Estufas (que ficou conhecido como Fome Zero na prática), dando uma nova perspectiva e suporte ao agronegócio e à agricultura familiar; e, nos últimos anos, o Família Que Acolhe (FQA), política pública consolidada por lei, que reconheceu Boa Vista como "a capital da primeira infância no país" e nos projetou internacionalmente. Especialistas do mundo todo estiveram em nossa cidade para conhecer de perto o trabalho de monitoramento e acompanhamento, feito desde a gestação até os 6 anos das crianças. Nossa expertise no assunto foi tamanha que estou escrevendo um guia das ações praticadas e um livro a respeito do tema. O primeiro trazendo a trajetória toda, os porquês de trabalhar com as crianças em uma política intersetorializada e integral, a importância de se trabalhar na prevenção; e o outro, trazendo a metodologia e sistematização dessa política pública da primeira infância.

Entre 2017 e 2020, minha gestão enfrentou desafios bem pesados. Afora a pandemia da covid-19, desde 2016 nossa cidade tornou-se a porta de entrada do maior processo migratório que o Brasil viveu, com a crise humanitária venezuelana. Tivemos de enfrentar a migração na prática, lidando com um número entre 400 e 1.200 pessoas chegando por dia – sendo 50% crianças e adolescentes com até 18 anos –, na menor capital do país, com o menor PIB *per capita*, sem condições financeiras para receber essa carga extra de problemas desconhecidos no Brasil. E, nesse difícil processo, enfrentamos a falta de emprego, a fome, a falta de moradia, a xenofobia, a volta do sarampo... Ser prefeita e mulher, acredito, garantiu um olhar muito mais humanizado naquele momento. Sofri todo tipo de ataque por ter encarado a questão sem discriminação alguma, procurando integrar os migrantes nos serviços públicos e direitos básicos que uma cidade pode ofertar. Atendemos todos na saúde e matriculamos as crianças nas escolas. Boa Vista virou pauta da mídia nacional e mundial e, nesse vaivém de jornalistas e especialistas, passamos a ser vistos também por nossas qualidades.

Quem nunca veio a Boa Vista se surpreende ao nos visitar. Somos uma cidade-estado onde vivem 420 mil habitantes, 65% da população de Roraima. Nossa cidade é planejada, bem urbanizada, extremamente limpa e cortada por ciclovias e igarapés. É uma cidade moderna, bonita, com praças incríveis e bem estruturadas, com brinquedos interativos e educativos nos *playgrounds*, que o Brasil ainda não conhece. O destaque está nas nossas "selvinhas amazônicas", espalhadas por toda a cidade. Os animais da Amazônia, em tamanho ampliado, servem de exploração e aprendizado às crianças. Nossos abrigos de ônibus, alguns climatizados, viraram lugares para disseminar informações e fortalecer vínculos entre as famílias. Acredito que a melhor forma de se medir uma cidade vibrante, próspera e saudável é mesmo avaliando o bem-estar dos bebês, das crianças e das famílias que vivem nela. Assim medimos a qualidade de vida de nossa capital. Boa Vista é uma cidade feliz!

Mas Boa Vista foi além, não só no trabalho com a primeira infância. Temos outros méritos na gestão, como o de ser a cidade com maior investimento do país em energia solar nos prédios públicos; de ter robótica em todas as escolas municipais, tanto urbanas quanto rurais, assim como as indígenas; de ter aumentado em mais de 350% o número de vagas em creches e construído 40 novas escolas em oito anos; de termos 100% dos profissionais da educação e cuidadores com nível superior. E nosso *ranking* não para por aí: conquistamos o 1º lugar no abastecimento e distribuição de remédios da Rede Remune; 1º lugar entre as capitais brasileiras que mais fizeram investimentos em infraestrutura urbana, com muitas obras de asfalto, drenagem e calçadas; 3ª capital com melhor situação fiscal do Brasil; 5ª melhor educação pública municipal do país; 5ª melhor capital em qualidade de vida; 6ª capital do Brasil com mais quilômetros de ciclovia por habitante; 6ª melhor capital em prática de esportes e 11ª melhor capital para criar filhos. Construímos e equipamos o Hospital Infantil Municipal que é referência para o Estado e toda a região amazônica; construímos o Teatro Municipal, um dos maiores e mais modernos do país, com palco principal de 620 m^2 e 1.200 lugares na plateia; o maior mirante da região Norte nas margens do Rio Branco, com 120 metros de altura; e a maior Vila Olímpica da Amazônia. Todo esse legado envolveu muito trabalho, dedicação e compromisso e contou com inúmeras fontes de conhecimento, recursos, capacidade técnica e ousadia, na busca do que é moderno para uma cidade desfrutar. Por isso, optei em começar falando de atitudes, feitos, para então entrar na questão de gênero na política.

Obviamente, como mulher, sou solidária às causas femininas e as considero necessárias, legítimas e desafiadoras. Estou sempre atenta, acompanho índices e sei que nossas conquistas sempre provocam grandes transformações, mesmo que algumas estejam ainda longe de acontecer. O fato é que a política não é um assunto fácil para a mulher estar inserida. Precisamos a todo momento provar, provar e provar nossa capacidade, normalmente em desvantagem em relação ao homem.

Levei muitos anos e precisei passar por muitas renúncias e dificuldades para ver minha identidade e meus feitos serem reconhecidos. Sempre o que fazia era entendido por alguns – principalmente jornalistas e políticos –, como se houvesse alguém por trás, no meu caso por ter sido casada com o ex-senador Romero Jucá, por quem tenho grande apreço e admiração. Mas, infelizmente, essa é a regra para as mulheres que entram na política da mesma forma que eu.

No Congresso, a mulher por vezes precisa engrossar ou aumentar o tom de voz e se impor fortemente para conseguir espaços, o que nem sempre é fácil. Os partidos são naturalmente machistas. Crianças, famílias, jovens e idosos, ainda na maioria das comissões, são temáticas relacionadas às mulheres. E já passou da hora, e muito, disso mudar. Acredito que a mulher tenha uma força nata, e essa luta de gênero considero ainda a mais desigual. Não por nós, mulheres, mas pela cultura do mundo sobre a questão feminina, pela história deixada, na qual o papel das mulheres sempre foi preestabelecido em todas as áreas. Evoluímos, sem dúvida alguma, mas a passos lentos e ainda somos vistas e reconhecidas com grande desvantagem. Quem sabe minha neta, que em 2021 completou 6 anos, conseguirá vivenciar um equilíbrio melhor de gêneros quando for adulta, mesmo que o tema ainda precise motivar debates acalorados e intermináveis, ou que ainda haja necessidade de leis para garantir a mesma ocupação de espaços, discussão que está inclusive em pauta. As diferenças entre o masculino e o feminino existem e precisam ser discutidas e respeitadas, assim eu entendo.

Especializei-me em Gestão Pública. Por duas vezes, fui a única mulher no país eleita prefeita para governar uma capital, em 2012 e 2016. A média de aprovação nos meus mandatos sempre girou em torno de 80%. Nas eleições de 2020, consegui fazer meu sucessor, um homem, com 85,5% dos votos válidos. Temos vivenciado tempos inquietantes, imprevisíveis e difíceis em muitos aspectos. Na política, tudo é muito dinâmico e tudo muda rápido e radicalmente. No entanto, a cada dia fica mais claro que não há mais milagreiros, seja homem, seja mulher. A prática do dia a dia é que reforça cada vez mais os acordos de confiança entre a população e seus representantes. Precisamos despertar para uma consciência mais coletiva, ajustar nossos valores, incentivar o cuidado ao próximo, começando cedo, pelos bebês. Esse é meu foco. Quando enxergamos uma criança em todos os contextos, enxergamos a família, alcançamos a sociedade inteira e temos como oferecer melhores oportunidades para as próximas gerações, com mais equilíbrio emocional e social, homens ou mulheres, mas que sejam pessoas do bem.

Igualdade no Parlamento: é "pra ontem" ou "para amanhã"?

Por Zenaide Maia[69]

A cada dia me convenço mais de que a luta das mulheres por direitos no Brasil não é nada além do que a luta continuada por uma vida realmente democrática em nosso país. Em cada audiência pública no Senado ou na Câmara; em cada diálogo com a sociedade civil; em cada evento e entrevista, na qual tenho a oportunidade de falar sobre a importância da presença feminina nos espaços de poder; é impossível não enxergar nas minhas interlocutoras o mesmo desejo: que possamos participar de maneira equânime com os homens nos debates e nas decisões que influenciarão a vida de todos nós. E até mesmo quando falamos de realidades mais particulares, como a da violência de gênero, por exemplo, temos como pano de fundo uma questão de poder desigual: em uma cultura machista como a que estamos inseridos, o homem se sente superior à mulher. Quando denunciamos esse desnível e demandamos soluções para o problema, de certa forma estamos querendo levar o princípio democrático da igualdade – o mesmo que defendemos nos fóruns públicos – para o ambiente doméstico. A luta das mulheres por respeito, voz e vez ocorre,

---

[69] Senadora do PROS pelo Rio Grande do Norte.

portanto, todos os dias, dentro e fora de casa, nos espaços públicos e privados. Somos, por assim dizer, seres em constante demanda por uma realidade cada vez mais democrática.

Que essa luta é justa e necessária, todos concordam (espero). Mas, neste breve texto, gostaria de propor uma reflexão sobre a necessidade de acelerarmos esse processo, a partir da defesa corajosa de mecanismos que, concretamente, ofereçam soluções para o problema da sub-representação feminina nos espaços de poder. Como a "arrumação" deve começar por nossa própria "casa", defendo um olhar diferenciado para a situação do Congresso Nacional, onde atuo como senadora, representando o estado do Rio Grande do Norte. A meu ver, uma das grandes distorções de nossa democracia é o fato de a maioria da população brasileira não estar devidamente representada no Parlamento Federal. Se as mulheres são mais de 50% da população, de acordo com o IBGE, como podem ocupar apenas 15% das cadeiras do Congresso? Estamos na segunda década depois do ano 2000. A esta altura, não deveríamos já ter superado essa disparidade? Mais uma vez, acredito, todos concordamos que sim, que tal mudança é "para ontem", como se diz. Mas, infelizmente, a simples concordância geral não tem se traduzido em resultados e, no quesito "percentual de mulheres na Câmara dos Deputados e no Senado", persiste uma injusta sub-representação. E o que seria justo? A ideia que se consolida internacionalmente é a do 50/50 (*fifty-fifty*, em inglês), ou seja, 50% das vagas nos espaços de poder ocupadas por mulheres. Proposta simples e até óbvia para alcançar a igualdade de gênero na política, mas que enfrenta dificuldades para avançar aqui no Brasil. Assim, o que era "para ontem" é, mais uma vez, deixado "para amanhã". Será que outro mundo é possível?

Eu venho de um estado da Federação que, histórica e reiteradamente, vem provando que sim, é possível não só alcançar metas ambiciosas de participação feminina na política, como também alcançá-las de maneira mais rápida.

Tomemos, como exemplo, o caso Celina Guimarães: ela entrou para a história como a primeira mulher a se registrar como eleitora, em 1927, ou seja, cinco anos antes de o código eleitoral brasileiro assegurar o direito ao voto feminino. A bem dizer, Celina foi registrada como "eleitor", porque, simplesmente, a desinência feminina nunca tinha constado em documento oficial no Brasil. O feito pioneiro foi possível por causa da Lei Estadual 660, editada em novembro daquele ano e que, no artigo 77 das Disposições Gerais do Capítulo XII, assegurava a inscrição eleitoral e a elegibilidade de qualquer cidadão potiguar que reunisse as condições exigidas por lei, "sem distinção de sexo". É claro que as tais exigências legais acabavam dificultando o acesso da população em geral e, de forma especial, das mulheres, ao exercício do direito ao voto. Por exemplo, entre os documentos apresentados por Celina ao juiz, que deferiu seu pedido de inscrição eleitoral, estava o seu contracheque de educadora. Considerando-se que, em fins da década de 1920, as mulheres que tinham trabalho formal eram ainda uma minoria, podemos dizer que, apesar da brecha franqueada pela legislação estadual, o caminho da maioria delas até a urna continuava bloqueado. E continuaria assim por décadas, pois mesmo o direito do voto feminino, conquistado em 1932, ainda era limitado porque era voluntário – e a vontade da mulher de então não era autorrealizável, mas dependia da autorização do marido.

Apesar da obrigatoriedade de alistamento e voto para ambos os sexos ter sido alcançada apenas no Código Eleitoral de 1965, podemos dizer que as barreiras para as mulheres só foram realmente consolidadas em 1988, com a promulgação da Constituição Cidadã, cujo texto franqueava o voto – ainda que facultativo – às pessoas não alfabetizadas (valendo lembrar que a educação formal também foi negada às mulheres por muito tempo). De qualquer forma, não há como ignorar a importância do registro de Celina como cidadã apta a votar, mesmo antes de haver norma nacional que garantisse tal direito. Foi um acontecimento que, muito justamente, reverberou não só no Brasil, como também em toda a América do Sul, onde ainda não havia notícia de avanço tão significativo da pauta sufragista feminina. A partir daquele episódio, não havia condições de "deixar para amanhã" aquilo que já estava sendo feito hoje.

Em 1928, também em território potiguar, tivemos outros dois acontecimentos pioneiros, igualmente tornados possíveis por causa da Lei Estadual nº 660/1927: as eleições de Joana Cacilda Bessa, primeira mulher Intendente municipal (o equivalente, hoje, ao cargo de vereadora), em Pau dos Ferros; e de Alzira Soriano, em Lajes, a primeira prefeita da América Latina, notícia publicada até no jornal norte-americano *The New York Times*. A conquista de Alzira, no entanto, não foi encarada de forma pacífica pelos poderosos daquele município que, desde a candidatura de Soriano, empenhavam-se em uma oposição feroz. O nível do debate era baixo: dizia-se, então, que "mulher pública é prostituta" – um jeito de marcar o universo político como território exclusivamente masculino e, também, de desestimular o questionamento do *status quo* pelas "mulheres de família". Ao mesmo tempo, reafirmava-se o ambiente doméstico como o lugar natural do "elemento feminino", e qualquer desvio considerado ato descabido de "rebeldia" ou uma falta de noção da mulher sobre o lugar que deveria ocupar na sociedade.

Conta-se que Sérvulo Pires Neto Galvão, o outro candidato na eleição à prefeitura de Lajes em 1928, não conseguia se conformar em ter de concorrer com uma mulher e, quando perdeu o pleito, decidiu mudar-se para outro estado, tal foi o sentimento de "humilhação" por ser derrotado por alguém do "sexo frágil". Apesar do preconceito, da sociedade patriarcal e das vozes de oposição, Alzira conseguiu promover avanços importantes durante os dois anos de seu mandato, interrompido pela Revolução de 1930: construiu escolas, estrada, o posto do correio, colocou telégrafo, uma estação ferroviária, uma igreja, o posto de saúde, um hospital, um clube, um campo de futebol e iniciou a infraestrutura do lugar: luz e água encanada. Nos jornais da época, nenhuma dessas realizações apareciam como frutos da inteligência e da habilidade política de Alzira, mas eram creditadas ao fato de seu bom desempenho como dona de casa que, tendo enviuvado muito jovem, também tivera de aprender a lidar com a complexidade dos assuntos financeiros. Em resumo, os sucessos de Alzira na prefeitura eram devidos à sua excelência como "rainha do lar". Ainda assim, mesmo com a limitação do pensamento da época, foi impossível continuar pregando a inadequação da mulher à frente da administração pública, pois a prova em contrário estava sendo dada naquele momento a quem tivesse olhos para ver.

O "caso" potiguar na história da luta feminina por direitos, democracia e maior participação política tem ainda outros muitos nomes que poderiam ser citados, como os de Nísia Floresta[70], Júlia Alves Barbosa[71], Maria do Céu Fernandes[72], entre tantas outras. Todas essas personalidades provaram que não só não se deve deixar para amanhã o que se pode fazer

---

[70] Primeira educadora feminista do Brasil que, além das reivindicações das mulheres, também defendia os direitos de indígenas e escravos, confirmando a convicção que apresentamos no início deste capítulo, de que a luta das mulheres se confunde com a luta por um Brasil democrático.

[71] Primeira mulher a ensinar Matemática na Escola Normal do Rio Grande do Norte, na qual ingressou por meio de concurso público; segunda eleitora registrada no RN e primeira em Natal; uma das fundadoras da Associação de Eleitoras Norte Rio Grandenses; e a primeira vereadora da capital potiguar.

[72] Primeira mulher brasileira eleita deputada estadual, no Rio Grande do Norte, em 1935. Em uma entrevista, ela disse que por três vezes tentaram sequestrá-la dentro de casa. Para continuar na vida política, ela precisou contratar guarda-costas.

hoje, como também comprovaram que, em determinados momentos, é essencial acelerar a queda dos obstáculos que se apresentam no caminho. A herança dessa ousadia das mulheres potiguares de outrora é palpável: o Rio Grande do Norte é, em 2021, o único estado governado por uma mulher. E é, até hoje, o estado que mais elegeu governadoras: Wilma de Faria (PSB), em 2002; Rosalba Ciarlini (DEM), em 2010; e Fátima Bezerra (PT) nas eleições de 2018.

Feito o argumento, volto à questão da paridade na representação entre gêneros no Congresso Nacional, que apresentei no início deste texto: será que não seria o caso de, inspirados nesses e em tantos outros exemplos históricos que temos, acelerar a solução da sub-representação feminina no Legislativo Federal? Transformar a meta de ocupação de metade das cadeiras da Câmara e do Senado em realidade concreta? As mulheres estão prontas. Os homens reconhecem a justiça da reivindicação. O que falta, então? Promover uma reforma ampla dentro dos partidos políticos para o maior apoio, humano e financeiro, às candidaturas femininas; além de mais espaço para as mulheres nos cargos de direção das próprias legendas? Ampliar as campanhas de estímulo à participação feminina na política e de empoderamento da mulher desde a escola? Ora, quem tiver olhos para ver, verá que as mulheres já estão mobilizadas em todas essas frentes e que a marcha não retrocede. Rumamos, inexoravelmente, para a igualdade. A decisão de acelerar esse processo é política – e depende do próprio Congresso, formado, majoritariamente, por homens. Vale lembrar que a brecha na lei estadual, que garantiu o pioneirismo do Rio Grande do Norte no voto feminino, foi possível graças à atuação de um nome importante do movimento sufragista: Juvenal Lamartine.

Referências

AGORA É QUE SÃO ELAS (Brasil). Facebook: agoraequesaoelas.blogfolha.uol.com.br. Disponível em: https://www.facebook.com/agoraequesaoelasblog/about. Acesso em: 23 ago. 2021.

ALVARES, M. L. M. Mulheres brasileiras em tempo de competição eleitoral: seleção de candidaturas e degraus de acesso aos cargos parlamentares. *Dados*, v. 51, n. 4, Rio de Janeiro, 2008. Disponível em: http://www.scielo.br/scielo.php?script=sci_arttext&pid=S0011-52582008000400004&lng=pt&nrm=iso.

ARAÚJO, N.; MACÁRIO, L. Bancada Feminina diverge sobre mudanças de cotas para as mulheres nas eleições, 8 ago. 2019. *Universia/Uol*. Disponível em: https://www.uol.com.br/universa/noticias/redacao/2019/08/08/bancada-feminina-diverge-sobre-mudancas-de-cotas-para-mulheres-nas-eleicoes.htm. Acesso em: 7 fev. 2021.

ARRUDA, M.; ORTEGA, P.; VASCONCELOS, R. Feminismo não pode ser lugar de mulheres com ódio de homem. *O Estado de S.Paulo/Capitu*, 18 abr. 2019. Disponível em: https://arte.estadao.com.br/focas/capitu/materia/feminismo-nao-pode-ser-lugar-de-mulheres-com-odio-de-homem-diz-camille-paglia. Acesso em: 22 fev. 2021.

BALELI, I. Reconfigurações da intimidade. *Revista de Estudos Feministas*, Florianópolis, v. 15, n. 1, p. 422, jan./abr. 2017.

BANCADA ATIVISTA (Brasil). A mandata ativista sofreu um golpe na segunda-feira, 1 de fevereiro. 4 fev. 2021. Facebook: bancadaativista.org. Disponível em: https://www.facebook.com/bancadaativista/posts/2799409870377254. Acesso em: 10 fev. 2021a.

BANCADA ATIVISTA. *Primeiro mandato coletivo do Estado de São Paulo*. Disponível em: https://www.bancadaativista.org/mandata-ativista.html_Acesso em: 10 fev. 2021b.

BARMAN, R. *Princesa Isabel do Brasil: Gênero e poder no Século XIX*. São Paulo: Ed. Unesp, 2005.

BBC News Brasil. *O que a campanha #MeToo conseguiu mudar de fato*, 21 maio 2018. Disponível em: https://www.bbc.com/portuguese/geral-44164417. Acesso em: 17 fev. 2021.

BBC News Brasil. *Por que decidi ser uma esposa tradicional e estar submissa a meu marido, como nos casamentos dos anos 50*, 1 fev. 2020a. Disponível em: https://www.bbc.com/portuguese/salasocial-51183651. Acesso em: 26 fev. 2020.

BBC News Brasil. *Harwey Weisntein é condenado a 23 anos de prisão; entenda o caso em sete questões*, 18 fev. 2020b. Disponível em: https://www.bbc.com/portuguese/geral-51553491. Acesso em: 17 fev. 2021.

BBC News Brasil. As revelações que não foram ao ar da entrevista de Meghan e Harry, segundo Oprah, *G1*, 8 mar. 2021. Disponível em: https://g1.globo.com/mundo/noticia/2021/03/08/as-revelacoes-que-nao-foram-ao-ar-da-entrevista-de-meghan-e-harry-segundo-oprah.ghtml. Acesso em: 8 mar. 2021.

BENEVIDES, B. G.; NOGUEIRA, S. N. B. *Dossiê dos assassinatos e da violência contra travestis e transexuais brasileiras em 2020*. São Paulo: Expressão Popular, ANTRA, IBTE, 2021. Disponível em: https://antrabrasil.files.wordpress.com/2021/01/dossie-trans-2021-29jan2021.pdf.

BENÍCIO, J. Há 23 anos, Globo anunciava: "A princesa Diana morreu", *Portal Terra*, 31 ago. 2020. Disponível em: https://www.terra.com.br/diversao/tv/blog-sala-de-tv/ha-23-anos-globo-anunciava-a-princesa-diana-morreu,06b7a2bdbb9e57efcb88c02129e5dcd07r23rbki.html. Acesso em: 26 fev. 2021.

BERTRAND, M. Coase lecture - the glass ceiling. *Economica*, v. 85, n. 338, p. 205-231, 2018.

BIROLI, F.; MIGUEL, L. F. 2010. *Caleidoscópio convexo*: mulheres, mídia e política. São Paulo: Editora Unesp.

BJARNEGÅRD, E.; KENNY, M. Comparing candidate selection: a feminist institutionalist approach. *Government and Opposition*, v. 51, n. 3, p. 370-392, 2016.

BLAU, F. D.; LAWRENCE, L. M. The gender wage gap: extent, trends, and explanations. *Journal of Economic Literature*, v. 55, n. 3, p. 789-865, 2017.

BONORA, M.; AZANK, A. Jovem negra eleita prefeita de Bauru sofre ataques racistas às vésperas da eleição: 'Cara de favelada', 30 nov. 2020. *G1*. Disponível em: https://g1.globo.com/sp/bauru-marilia/eleicoes/2020/noticia/2020/11/30/mulher-negra-eleita-prefeita-de-bauru-sofre-ataques-racistas-as-vesperas-da-eleicao-cara-de-favelada.ghtml. Acesso em: 7 fev. 2021.

BRASIL. Lei n. 9100, de 29 de setembro de 1995. Estabelece normas para a realização das eleições municipais de 3 de outubro de 1996, e dá outras providências. *Diário Oficial da União*, Brasília, DF, 29 set. 1995. Disponível em: http://www.planalto.gov.br/ccivil_03/leis/l9100.htm. Acesso: 23 fev. 2021.

BRASIL. Lei n. 13.086, de 8 de janeiro de 2015. Institui, no Calendário Oficial do Governo Federal, o Dia da Conquista do Voto Feminino no Brasil. *Diário Oficial da União*, Brasília, DF, 8 jan. 2015. Disponível em: http://www.planalto.gov.br/ccivil_03/_ato2015-2018/2015/lei/L13086.htm. Acesso: 23 fev. 2021.

BRASIL. Senado Federal. *A conquista do voto feminino no Brasil*, abr. 2019a. Disponível em: https://www2.senado.leg.br/bdsf/handle/id/557596.

BRASIL. Câmara dos Deputados. *Para especialistas, mulheres são as principais vítimas na divulgação de informações falsas na internet*, 26 nov. 2019b. Disponível em: https://www.camara.leg.br/noticias/618014-para-especialistas-mulheres-sao-as-principais-vitimas-na-divulgacao-de-informacoes-falsas-na-internet/. Acesso em: 26 fev. 2021.

BRASIL. Senado Federal. *Rádio Senado*: Lei que combate violência doméstica durante a pandemia já está em vigor, 9 jul. 2020. Disponível em: https://www12.senado.leg.br/radio/1/noticia/2020/07/09/lei-que-combate-violencia-domestica-durante-a-pandemia-ja-esta-em-vigor. Acesso: 17 fev. 2021.

BRASIL. Ministério da Mulher, da Família e dos Direitos Humanos. *Canais registram mais de 105 mil denúncias de violência contra mulher em 2020*. Disponível em: https://www.gov.br/mdh/pt-br/assuntos/noticias/2021/marco/canais-registram-mais-de-105-mil-denuncias-de-violencia-contra-mulher-em-2020. Acesso em: 8 mar. 2021.

BRASIL. Câmara dos Deputados. *PEC 350/2017*. Disponível em: https://www.camara.leg.br/proposicoesWeb/fichadetramitacao?idProposicao=2145346. Acesso em: 10 fev. 2021a.

BRASIL. Ministério Público Eleitoral. *Levantamento do Ministério Público Eleitoral também aponta que há concentração de distribuição de recursos a pequeno número de candidaturas*. Disponível em: http://www.presp.mpf.mp.br/index.php/8-noticias/2068-dos-34-partidos-apenas-nove-destinaram-ao-menos-30-de-verbas-as-candidatas-a-deputada-federal-em-sao-paulo?highlight=WyJjYW5k-aWRhdHVyYXMiLCJmZW1pbmluYXMiLCJjYW5kaWRhdHVyYXMg ZmVtaW5pbmFzIl0. Acesso em: 10 fev. 2021(b).

BRASIL. [Constituição (1988)]. Constituição da República Federativa do Brasil de 1988. Brasília, DF: Presidência da República. Disponível em: http://www.planalto.gov.br/ccivil_03/constituicao/constituicao.htm. Acesso em: 24 ago. 2021.

BRASIL. Senado Federal. *Simone Tebet é a primeira mulher a concorrer à Presidência do Senado*, 1º fev. 2021(c). Disponível em: https://www12.senado.leg.br/noticias/materias/2021/02/01/simone-tebet-e-a-primeira-mulher-a-concorrer-a-presidencia-do-senado. Acesso em: 6 fev. 2021.

BRASILEIRAS têm mais anos de estudo, mas ganham 81% do salário dos homens, 26 set. 2019. *Instituto Locomotiva.* Disponível em: https://www.ilocomotiva.com.br/single-post/2019/09/26/Brasileiras-têm-mais-anos-de-estudo-mas-ganham-81-do-salário-dos-homens. Acesso em: 19 fev. 2021.

BURITY, J. Religião e política na fronteira: desinstitucionalização e descolamento numa relação historicamente polêmica. *Revista de Estudos da Religião*, n. 4, p. 27-45, 2001.

CAESAR, G. Só 1 a cada 10 candidaturas a prefeito é de mulher. Nenhum partido lança mais candidatas mulheres do que homens. 29 set. 2020, *GLOBO-G1*. Disponível em: https://g1.globo.com/politica/eleicoes/2020/eleicao-em-numeros/noticia/2020/09/29/so-1-a-cada-10-candidaturas-a-prefeito-e-de-mulher-nenhum-partido-lanca-mais-candidatas-mulheres-do-que-homens.ghtml. Acesso em: 6 fev. 2021.

CAMPOL, I. Direitos das mulheres e injustiças dos homens, de Nísia Floresta: literatura, mulheres e o Brasil do século XIX. *Dossiê História da leitura e do livro*, v. 30, n. 2, dez. 2011.

CHATTOPADHYAYM, R.; DUFLO, E. Women as policy makers: Evidence from a Randomized Experiment in India, *Econometrica*, v. 72, p. 1409-1443, 2004.

CONCELEBRAÇÃO Eucarística na Canonização da Rainha da Polônia - Homilia do Santo Padre. Disponível em: http://www.vatican.va/content/john-paul-ii/pt/homilies/1997/documents/hf_jp-ii_hom_19970608_cracovia.html. Acesso em: 12 fev. 2021.

CRESCE O NÚMERO de deputadas federais e senadoras eleitas. *Centro Feminista de Estudos e Assessoria*. 2002. Disponível em: https://www.cfemea.org.br/index.php/colecao-femea-e-publicacoes/colecao-femea/101-numero-117-outubro-de-2002/753-cresce-o-numero-de-deputadas-federais-e-senadoras-eleitas. Acesso em: 10 mar. 2021.

CURTIS, S. *Feminists don't wear pink and other lies*. New York: Ed. Ballantine Books, 2018.

D'ARAUJO, M. C. S.; RIBEIRO, G. L. Trajetória socioeducacional dos ministros brasileiros na Nova República (1985-2014). *Rev. Sociol. Polit.*, Curitiba, v. 26, n. 65, p. 39-61, 2018.

DAHLERUP, D. *Has democracy failed women?* Nova Jersey: John Wiley & Sons, 2017.

EM MEIO A PROTESTOS contra e a favor, menina de 10 anos que engravidou após estupro passa por aborto legal. 17 ago. 2020. *Fundação Padre Anchieta*. Disponível em: https://cultura.uol.com.br/noticias/12204_em-meio-a-protestos-contra-e-a-favor-menina-de-10-anos-estuprada-passa-por-aborto-legal.html. Acesso em: 11 fev. 2021.

EXAME. *Sírio Libanês demite médica suspeita de fazer exames de Marisa*, 3 fev. 2017. Disponível em: https://exame.com/brasil/sirio-libanes-demite-medica-suspeita-de-vazar-exame-de-marisa/. Acesso em: 27 fev. 2021.

FACCHINI, R.; FERREIRA, C. B. Feminismos e violência de gênero no Brasil: apontamentos para o debate. *Rev. Ciência e Cultura*, v. 68, n 3, jul./set., 2016.

FACHIN, P.; SANTOS, J. V. Cristofascismo, uma teologia do poder autoritário: a união entre o bolsonarismo e o maquinário político sócio-religioso. Entrevista especial com Pedro Py, 1 jul. 2020. *Instituto Humanitas Unisinos*. Disponível em: http://www.ihu.unisinos.br/159-noticias/entrevistas/600150-cristofascismo-uma-teologia-do-poder-autoritario-a-uniao-entre-o-bolsonarismo-e-o-maquinario-politico-socio-religioso-entrevista-especial-com-fabio-py?fbclid=IwAR1v-dppP5m7ebfiMNnsqXRuqHI_WMvwwKdlDeBkITr0Vg8wKOTCZTpaRgo. Acesso em: 28 fev. 2021.

FERREIRA, C. B. Feminismos web: linhas de ação e maneiras de atuação no debate feminista contemporâneo. *Cadernos Pagu*, n. 44, Campinas, jan./jun., 2015.

FOLHA DE S.PAULO/UOL. *Marcela Temer 'bela, recatada e do lar' cai nas graças da internet em vários memes*, 20 abr. 2016. Disponível em: https://f5.folha.uol.com.br/voceviu/2016/04/10001668-marcela-temer-bela-recatada-e-do-lar-cai-nas-gracas-da-internet-em-varios-memes-confira.shtml. Acesso em: 26 fev. 2021.

FOLHA DE S.PAULO/UOL. *Leandrinha Du Art: sou um corpo torto que representa muitas lutas*, 5 set. 2018, #AGORAÉQUESÃOELAS. Disponível em: https://agoraequesaoelas.blogfolha.uol.com.br/category/mulheres-na-politica/.

FOLKE, O.; RICKNE, J. All the Single Ladies: Job Promotions and the Durability of Marriage. *American Economic Journal: Applied Economics*, v. 12, n. 1, p. 260, 2020.

G1. *Homem é condenado a três anos de prisão por ejacular em passageira no metrô de São Paulo*, 14 nov. 2018. Disponível em: https://g1.globo.com/sp/sao-paulo/noticia/2018/11/14/homem-e-condenado-a-tres-anos-de-prisao-por-ejacular-em-passageira-no-metro-de-sp.ghtml. Acesso em: 23 fev. 2021.

G1. *Harry e Meghan se desvinculam totalmente da coroa britânica*, 19 fev. 2021. Disponível em: https://g1.globo.com/mundo/noticia/2021/02/19/harry-e-meghan-se-desvinculam-totalmente-da-coroa-britanica.ghtml. Acesso em: 8 mar. 2021.

G1. *As revelações que não foram ao ar da entrevista de Meghan e Harry, segundo Oprah*, 8 mar. 2021. Disponível em: https://g1.globo.com/mundo/noticia/2021/03/08/as-revelacoes-que-nao-foram-ao-ar-da-entrevista-de-meghan-e-harry-segundo-oprah.ghtml. Acesso em: 8 mar. 2021.

GARCIA, C. C. Breve histórico do movimento feminista no Brasil, 2015. Disponível em: https://flacso.org.ar/wp-content/uploads/2015/08/Capitulo-brasil-historia-do-feminismo.pdf. Acesso em: 23 ago. 2021.

GATTO, M. The variation of quota designs and their origins in Latin America (1991–2015). *In:* DOŠEK, T. *et al.* (org.). *Women, politics, and democracy in Latin America*. Nova York: Palgrave Macmillan, 2017, p. 45-65.

GERTLER, P. Do conditional cash transfers improve child health? Evidence from PROGRESA's control randomized experiment. *American Economic Review*, v. 94, n. 2, p. 336-341, 2004.

GIANTOMASO, I. *Feminismo e Frida batem recorde de buscas no Google no Brasil.* O Estado de S.Paulo/Capitu, 6 dez. 2018. Disponível em: https://arte.estadao.com.br/focas/capitu/materia/feminismo-bate-recorde-de-buscas-no-google-no-brasil-frida-e-a-mulher-mais-pesquisada. Acesso em: 22 fev. 2021.

GOIS. C. de. "Sou uma mulher dura cercada de homens meigos", diz Dilma. *Globo.com - Extra*, 10 dez. 2010. Disponível em: https://extra.globo.com/noticias/brasil/sou-uma-mulher-dura-cercada-de-homens-meigos-diz-dilma-248560.html. Acesso em: 20 ago. 2021.

GOLDSTONE, N. *The Lady Queen*: The notorious reing of Joanna I, queen of Naples, Jerusalem and Sicily". First Litlle, Brown ebook. New York: Back Bay Book, 2018.

GOODYEAR, M. *Queen Tamar*, *In*: Ancient History Encyclopedia", 2020. Disponível em: https://www.ancient.eu/Queen_Tamar/.

GRANGEIRO, J. J. M. *Elas que lutam: a participação das mulheres no processo legislativo na Câmara dos Deputados pós-constituinte*, 48 f. (Monografia (Bacharelado em Direito) – Universidade de Brasília, Brasília, 2020.

GRÜNENFELDER, R.; BÄCHTIGER, A. *Gendered deliberation? How men and women deliberate in legislatures.* Artigo apresentado para a ECPR Joint Sessions de Helsinki, 2007. Disponível em: https://ecpr.eu/Filestore/PaperProposal/ab87a524-e482-4f03-8214-16aeb6785c35.pdf. Acesso em: 25 nov. 2019.

GUIMARÃES ROSA, J. *Grande Sertão Veredas – Poema Coragem*. São Paulo: José Olympio, 1956.

HINOJOSA, M. *Selecting women, electing women: political representation and candidate selection in Latin America*. Philadelphia: Temple University Press, 2012.

HTUN, M. *Sex and the state: abortion, divorce, and the family under Latin American dictatorships and democracies.* Cambridge: Cambridge University Press, 2003.

INSTITUTO BRASILEIRO DE GEOGRAFIA E ESTATÍSTICA. *Tendências Demográficas*: uma análise da população com base nos resultados dos censos demográficos 1940 e 2000. Rio de Janeiro, 2007.

INSTITUTO MARIELLE FRANCO. *A violência política contra mulheres negras.* 2020. Disponível em: https://www.violenciapolitica.org/.:

INTERPARLIAMENTARY UNION. *Equality in politics: a survey of men and women in parliaments.* Relatório de pesquisa, 2008.

INTERPARLIAMENTARY UNION. *Women in national parliaments.* 2019. Disponível em: http://archive.ipu.org/wmn-e/classif.htm.

KARAWEJCZYK, M. *Mulher deve votar?* O Código Eleitoral de 1932 e a conquista do sufrágio feminino através das páginas dos jornais "Correio da Manhã" e a "A Noite". São Paulo: Paco Editorial, 2019.

KLEVEN; LANDAIS; POSCH; STEINHAUER; ZWEIMÜLLE. Child Penalties across Countries: Evidence and Explanations. *AEA Papers and Proceedings* 2019, v. 109, p. 122-126, 2019.

LACEY, R. *Battle of brothers*: William and Harry – The inside story of a family in tumult. New York: Harper Ed., 2020.

LIMA, E. C.; OLIVEIRA, J. T. Relações de gênero e misoginia na construção da imagem pública de Dilma Rousseff. *REIA – Revista de Estudos e Investigação Antropológica*, ano 2, v. 2, 2015.

LINHARES, J. Marcela Temer: Bela, recatada e do lar, *Revista Veja*, 18 abr. 2016. Disponível em: https://veja.abril.com.br/?utm_source=paywall. Acesso em: 26 fev. 2021.

MADRE TERESA DE CALCUTÁ, entrevista à *Revista Veja*, edição 568, 25 jul. 1979, p. 4. Disponível em: https://citacoes.in/citacoes/610412-madre-teresa-o-que-eu-faco-e-uma-gota-no-meio-de-um-oceano-ma/. Acesso em: 23 ago. 2021.

MAQUIAVEL, N. O Príncipe. *In*: MAQUIAVEL, N. Capítulo III. *Dos principados mistos*, 1513a. Domínio Público. Disponível em: http://www.dominiopublico.gov.br/download/texto/cv000052.pdf. Acesso em: 16 ago. 2021.

MAQUIAVEL, N. O Príncipe. *In*: MAQUIAVEL, N. Capítulo VI: *Dos principados novos que se conquistam com as armas próprias e virtuosamente*, 1513b, Domínio Público. Disponível em: http://www.dominiopublico.gov.br/download/texto/cv000052.pdf. Acesso em: 16 ago. 2021.

MAQUIAVEL, N. O Príncipe. *In*: MAQUIAVEL, N. Capítulo VIII. *Dos que chegaram aos principados por meio de crimes*, 1513c. Domínio Público. Disponível em: http://www.dominiopublico.gov.br/download/texto/cv000052.pdf. Acesso em: 16 ago. 2021.

MAQUIAVEL, N. O Príncipe. *In*: MAQUIAVEL, N. Capítulo IX. *Do principado civil*, 1513d. Domínio Público. Disponível em: http://www.dominiopublico.gov.br/download/texto/cv000052.pdf. Acesso em: 16 ago. 2021.

MAQUIAVEL, N. O Príncipe. *In*: MAQUIAVEL, N. Capítulo XII: *De quantas espécies são as milícias, e dos soldados mercenários*, 1513e. Domínio Público. Disponível em: http://www.dominiopublico.gov.br/download/texto/cv000052.pdf. Acesso em: 16 ago. 2021.

MAQUIAVEL, N. O Príncipe. *In*: MAQUIAVEL, N. Capítulo XIII. *Dos soldados auxiliares, mistos e próprios*, 1513f. Domínio Público. Disponível em: http://www.dominiopublico.gov.br/download/texto/cv000052.pdf. Acesso em: 16 ago. 2021.

MAQUIAVEL, N. O Príncipe. *In*: MAQUIAVEL, N. Capítulo XIV. *O que compete a um príncipe acerca da milícia (TROPA)*, 1513g. Domínio Público. Disponível em: http://www.dominiopublico.gov.br/download/texto/cv000052.pdf. Acesso em: 16 ago. 2021.

MAQUIAVEL, N. O Príncipe. *In*: MAQUIAVEL, N. Capítulo XV: *Daquelas coisas pelas quais os homens, e especialmente os príncipes, são louvados ou vituperados*, 1513h. Domínio Público. Disponível em: http://www.dominiopublico.gov.br/download/texto/cv000052.pdf. Acesso em: 16 ago. 2021.

MAQUIAVEL, N. O Príncipe. *In*: MAQUIAVEL, N. Capítulo XVI. Da liberdade e da parcimônia, 1513i. Domínio Público. Disponível em: http://www.dominiopublico.gov.br/download/texto/cv000052.pdf. Acesso em: 16 ago. 2021.

MAQUIAVEL, N. O Príncipe. *In*: MAQUIAVEL, N. Capítulo XVII: *Da crueldade e da piedade; se é melhor ser amado que temido, ou antes temido que amado*, 1513j. Domínio Público. Disponível em: http://www.dominiopublico.gov.br/download/texto/cv000052.pdf. Acesso em: 16 ago. 2021.

MAQUIAVEL, N. O Príncipe. *In*: MAQUIAVEL, N. Capítulo XVIII: *De que modo os príncipes devem manter a fé da palavra dada*, 1513k. Domínio Público. Disponível em: http://www.dominiopublico.gov.br/download/texto/cv000052.pdf. Acesso em: 16 ago. 2021.

MAQUIAVEL, N. O Príncipe. *In*: MAQUIAVEL, N. Capítulo XIX: *De como se deve evitar ser desprezado e odiado*, 1513l. Domínio Público. Disponível em: http://www.dominiopublico.gov.br/download/texto/cv000052.pdf. Acesso em: 16 ago. 2021.

MAQUIAVEL, N. O Príncipe. *In*: MAQUIAVEL, N. Capítulo XX: *Se as fortalezas e muitas outras coisas que a cada dia são feitas pelos príncipes são úteis ou não*, 1513m. Domínio Público. Disponível em: http://www.dominiopublico.gov.br/download/texto/cv000052.pdf. Acesso em: 16 ago. 2021.

MAQUIAVEL, N. O Príncipe. *In*: MAQUIAVEL, N. Capítulo XXI. *O que convém a um príncipe para ser estimado*, 1513n. Domínio Público. Disponível em: http://www.dominiopublico.gov.br/download/texto/cv000052.pdf. Acesso em: 16 ago. 2021.

MAQUIAVEL, N. O Príncipe. *In*: MAQUIAVEL, N. Capítulo XXV: *De quanto pode a fortuna nas coisas humanas e de que modo se lhe deva resistir*, 1513o. Domínio Público. Disponível em: http://www.dominiopublico.gov.br/download/texto/cv000052.pdf. Acesso em: 16 ago. 2021.

MDB. *MDB Mulher*. Disponível em: https://www.mdb.org.br/nucleo/mdb-mulher/. Acesso em: 6 fev. 2021.

MENDELBERG, T.; KARPOWITZ, C. How people deliberate about justice: groups, gender, and decision rules. *In*: ROSENBERG, S. *Can the people decide? Theory and empirical research on democratic deliberation*. Londres: Palgrave, 2007.

MIGUEL, S. M. *A política de cotas por sexo*: Um estudo das primeiras experiências no Legislativo brasileiro. Brasília: CFEMEA, 2000.

MORITZ, M. L.; RITA, M. B. Mídia Impressa e Gênero na construção do impeachment de Dilma Rousseff. *Revista Brasileira de Ciências da Comunicação*, v. 43, n. 2, São Paulo, maio/ago., 2020. Disponível em: https://www.scielo.br/scielo.php?pid=S1809-58442020000200203&script=sci_arttext&tlng=pt.

NADIM, M.; FLADMOE, A. Silencing Women? Gender and Online Harassment. *Social Science Computer Review*. 30 jul. 2019. Disponível em: https://doi.org/10.1177/0894439319865518. Acesso em: 20 ago. 2021.

NICOLAU, J. A participação eleitoral no Brasil. University of Oxford Centre for Brazilian Studies. *Working Paper Series*. 2001.

NovoCast l #15 Processo Seletivo: Como o Novo seleciona seus candidatos, 2020. Vídeo (24min24s). publicado pelo Canal Novo 30. Disponível em: https://www.youtube.com/watch?v=8R1D0PMllwc. Acesso em: 10 fev. 2021.

O GLOBO. PP convida Damares Alves para se candidatar a Senadora pelo partido. 26 ago. 2020. *Último Segundo/IG*. Disponível em: https://ultimosegundo.ig.com.br/politica/2020-08-26/pp-convida-damares-alves-para-se-candidatar-a-senadora-pelo-partido.html. Acesso em: 7 fev. 2021.

O NOVO CONTA COM VOCÊ. Disponível em: https://novo.org.br/filiacao/. Acesso em: 10 fev. 2021.

ONU Mulheres Brasil. *Nota Pública*: ONU Mulheres Brasil repudia ataques sexistas à Presidenta da República, Dilma Rousseff, e conclama tolerância zero ao machismo, 3 jul. 2015. Disponível em: http://www.onumulheres.org.br/noticias/nota-publica-onu-mulheres-brasil-repudia-ataques-sexistas-a-presidenta-da-republica-dilma-rousseff-e-conclama-tolerancia-zero-ao-machismo/.

OTTO, C. O feminismo no Brasil: Suas múltiplas faces. *Revista Estudos Feministas*, v. 2, n. 2, maio/ago. 2004.

PATEMAN, C. *The sexual contract*. Stanford: Stanford University Press, 1988.

PENTEADO, M. Mulheres se dividem sobre os movimentos contra assédio sexual, 15 jan. 2018, *Propmark*. Disponível em: https://propmark.com.br/mercado/mulheres-se-dividem-sobre-os-movimentos-contra-assedio-sexual/. Acesso em: 17 fev. 2021.

PINHEIRO-MACHADO. R. A extrema direita venceu. Feministas, antirracistas e LGBTs também. 9 jan. 2019. *The Intercept Brasil*. Disponível em: https://theintercept.com/2019/01/08/extrema-direita-feministas-antirracistas-lgbts/. Acesso em: 23 ago. 2021.

PISCO DE LUZ. *Objetivos de Desenvolvimento Sustentável*. Disponível em: https://www.piscodeluz.org/desenvolvimento-sustentavel?gclid=Cj0KCQjwsZKJBhC0ARIsAJ96n3Vyl5dDYwtU660lp77iUm8i3wU43mRR-8dglDPb0b9LznPhN4IzlTwaAvJhEALw_wcB. Acesso em: 24 ago. 2021.

RAVELI, N. Filha de Grace Kelly: A polêmica vida privada da princesa Stephánie de Mônaco. *HA Aventuras na História/UOL*, 25 dez. 2020. Disponível em: https://aventurasnahistoria.uol.com.br/noticias/reportagem/a-escandalosa-vida-intima-da-princesa-stephanie-de-monaco-filha-de-grace-kelly.phtml. Acesso em: 16 fev. 2021.

REZENDE, D. *Qual o lugar reservado às mulheres? Uma análise generificada de comissões legislativas na Argentina, no Brasil e no Uruguai*. 2015. Tese (Doutorado em Ciência Política) - Faculdade de Filosofia e Ciências Humanas, Universidade Federal de Minas Gerais, Belo Horizonte, 2015.

SACCHET, T. Capital social, gênero e representação política no Brasil. *Opinião Pública*, v. 15, n. 2, p. 306-332, 2009.

SARDINHA, E. Joice Hasselmann chora e relata ameaça de morte contra ela e filhos. *Congresso em Foco*, 5 nov. 2019. Disponível em: https://congressoemfoco.uol.com.br/governo/joice-hasselmann-chora-e-relata-ameaca-de-morte-contra-ela-e-filhos-veja-o-video/._

SCHARFF, C. *Repudiating feminism*: Young women in a neoliberal world. Abingdon: Ed. Routledge, 2012.

SCHIFF, S. *Cleópatra: Uma biografia*. Rio de Janeiro: Ed. Zahar, 2006.

SCHPUN, M. R. Entre feminino e masculino: a identidade política de Carlota Pereira de Queiroz. *Cadernos Pagu*, Campinas, v. 12, p. 331-377, 1999.

SOUZA, M. *"Não considero que Frida Kahlo foi feminista", diz sobrinha-neta da artista*. UOL/Universa, 28 fev. 2021. Disponível em: https://www.uol.com.br/universa/noticias/redacao/2021/02/28/frida-nao-foi-feminista-como-conhecemos-diz-sobrinha-neta-da-artista.htm. Acesso em: 28 fev. 2021. Acesso em: 28 fev. 2021.

STOCHERO, T. Justiça manda hospital Sírio-Libanês pagar R$ 577 mil à médica acusada de divulgar exames de Marisa Letícia, 12 de abril de 2021, *G1-SP*. Disponível em: https://g1.globo.com/sp/sao-paulo/noticia/justica-manda-hospital-sirio-libanes-pagar-r-577-mil-a-medica-acusada-de-divulgar-exames-de-marisa-leticia.ghtml. Acesso em: 27 fev. 2021.

TRIBUNAL SUPERIOR ELEITORAL. *Cota de 30% para mulheres nas eleições proporcionais deverá ser cumprida por cada partido em 2020*, 8 março 2019. Disponível em: https://www.tse.jus.br/imprensa/noticias-tse/2019/Marco/cota-de-30-para-mulheres-nas-eleicoes-proporcionais-devera-ser-cumprida-por-cada-partido-em-2020. Acesso em: 10 fev. 2021.

TRIBUNAL SUPERIOR ELEITORAL. *Mulheres representam apenas 12% dos prefeitos eleitos no 1º turno das Eleições 2020*, 24 nov. 2020. Disponível em: https://www.tse.jus.br/imprensa/noticias-tse/2020/Novembro/mulheres-representam-apenas-12-dos-prefeitos-eleitos-no-1o-turno-das-eleicoes-2020. Acesso em: 10 fev. 2021.

TRIBUNAL SUPERIOR ELEITORAL. *Partidos políticos registrados no TSE*. Disponível em: https://www.tre-sp.jus.br/partidos/partidos-politicos. Acesso em: 10 fev. 2021a.

TRIBUNAL SUPERIOR ELEITORAL. *Estatísticas do eleitorado – por sexo e faixa etária*, 2021. Disponível em: https://www.tse.jus.br/eleitor/estatisticas-de-eleitorado/estatistica-do-eleitorado-por-sexo-e-faixa-etaria. Acesso em: 23 ago. 2021b.

TRIBUNAL SUPERIOR ELEITORAL. *Eleições anteriores*. Disponível em: https://www.tse.jus.br/eleicoes/eleicoes-anteriores. Acesso em: 23 ago. 2021c.

TRIBUNAL SUPERIOR ELEITORAL. *Estatísticas eleitorais*. Disponível em: https://www.tse.jus.br/eleicoes/estatisticas/estatisticas-eleitorais. Acesso em: 23 ago. 2021d.

TRISTÁN, F. *União Operária*. São Paulo: Fundação Perseu Abramo, 2016.

UOL. *Justiça ordena exclusão com 91 links com mentiras sobre Manuela D'Ávilla*, 10 nov. 2020. Disponível em: https://noticias.uol.com.br/eleicoes/2020/11/10/justica-redes-sociais-novente-links-fake-news-manuela-davila.htm.

VANNUCHI, C. *Marisa Letícia Lula da Silva*. Alameda Editorial, 2020.

VOLDEN, C.; WISEMAN, A. A.; WITTMER, D. E. When are women more effective lawmakers than men? *American Journal of Political Science*, v. 57, n. 2, p. 326-341, 2013.

WALLENFELDT, J. *Jadwiga, queen of Poland in Britannica*. *In*: Brittanica. Disponível em: https://www.britannica.com/biography/Jadwiga. Acesso em: 12 fev. 2021.

WOITOWICZ, K.; PEDRO, J. M. O movimento feminista durante a ditadura militar no Brasil e no Chile: conjugando as lutas pela democracia política com o direito ao corpo. *Dossiê gênero, feminismo e ditadura*, ano X, n. 21, 2º semestre 2009, p. 43-55.

MATRIX